PRACTICE – ASSESS – DIAG

180 Days of READING for First Grade

Spanish

Author
Suzanne Barchers, Ed.D.

Contributing Author

Jodene Smith, M.A.

Publishing Credits

Dona Herweck Rice, *Editor-in-Chief*; Robin Erickson, *Production Director*;
Lee Aucoin, *Creative Director;* Timothy J. Bradley, *Illustration Manager*;
Conni Medina, M.A.Ed., *Editorial Director*; Sara Johnson, M.S.Ed., *Senior Editor*;
Aubrie Nielsen, M.S.Ed., *Editor;* Beth Pachal, M.A.T., *Associate Education Editor*;
Grace Alba, *Designer;* Alison Berry, *Illustrator*; Maple Lam, *Illustrator*;
Stephanie Reid, *Photo Editor*; Corinne Burton, M.A.Ed., *Publisher*

Image Credits

Cover, Maple Lam; p. 36, 72 Flickr; p. 60 iStock/elizabethoneillphotography.com; p.120 Flickr; p. 216 Bridgeman; all other images Shutterstock

Standards

© 2004 Mid-continent Research for Education and Learning (McREL)
© 2007 Teachers of English to Speakers of Other Languages, Inc. (TESOL)
© 2007 Board of Regents of the University of Wisconsin System. World-Class Instructional Design and Assessment (WIDA). For more information on using the WIDA ELP Standards, please visit the WIDA website at www.wida.us.
© 2010 National Governors Association Center for Best Practices and Council of Chief State School Officers (CCSS)

Shell Education

5482 Argosy Avenue
Huntington Beach, CA 92649-1030
www.tcmpub.com/shell-education
ISBN 978-1-0876-4305-2
©2021 Shell Education Publishing, Inc.

The classroom teacher may reproduce copies of materials in this book for classroom use only. The reproduction of any part for an entire school or school system is strictly prohibited. No part of this publication may be transmitted, stored, or recorded in any form without written permission from the publisher.

TABLE OF CONTENTS

Introduction and Research 3
How to Use This Book 4
Standards Correlations 14
Daily Practice Pages 15
Answer Key 231
References Cited 238
Digital Resources 239

INTRODUCTION AND RESEARCH

The Need for Practice

In order to be successful in today's reading classroom, students must deeply understand both concepts and procedures so that they can discuss and demonstrate their understanding. Demonstrating understanding is a process that must be continually practiced in order for students to be successful. According to Marzano, "practice has always been, and always will be, a necessary ingredient to learning procedural knowledge at a level at which students execute it independently" (2010, 83). Practice is especially important to help students apply reading comprehension strategies and word study skills.

Understanding Assessment

In addition to providing opportunities for frequent practice, teachers must be able to assess students' comprehension and word-study skills. This is important so that teachers can adequately address students' misconceptions, build on their current understanding, and challenge them appropriately. Assessment is a long-term process that often involves careful analysis of student responses from a lesson discussion, project, practice sheet, or test. When analyzing the data, it is important for teachers to reflect on how their teaching practices may have influenced students' responses and to identify those areas where additional instruction may be required. In short, the data gathered from assessments should be used to inform instruction: slow down, speed up, or reteach. This type of assessment is called *formative assessment*.

HOW TO USE THIS BOOK

180 Days of Reading for First Grade offers teachers and parents a full page of daily reading comprehension and word-study practice activities for each day of the school year.

Easy to Use and Standards Based

These activities reinforce grade-level skills across a variety of reading concepts. The questions are provided as a full practice page, making them easy to prepare and implement as part of a classroom morning routine, at the beginning of each reading lesson, or as homework.

Every first-grade practice page provides questions that are tied to a reading or writing standard. Students are given the opportunity for regular practice in reading comprehension and word study, allowing them to build confidence through these quick standards-based activities.

Question	College and Career Readiness Standards
\multicolumn{2}{c}{Days 1–3}
1–2	**Reading Anchor Standard 1:** *Read closely to determine what the text says explicitly and to make logical inferences from it.*
3	**Reading Foundational Skills Standard 3:** *Know and apply grade-level phonics and word analysis skills in decoding words.*
4	**Reading Anchor Standard 4:** *Interpret words and phrases as they are used in a text, including determining technical, connotative, and figurative meanings, and analyze how specific word choices shape meaning or tone* **or** **Reading Anchor Standard 6:** *Assess how point of view or purpose shapes the content and style of a text.*
\multicolumn{2}{c}{Day 4}
1–3	**Reading Anchor Standard 1:** *Read closely to determine what the text says explicitly and to make logical inferences from it.*
4	**Reading Anchor Standard 2:** *Determine central ideas or themes of a text and analyze their development summarize the key supporting details and ideas.*
\multicolumn{2}{c}{Day 5}
	Writing Anchor Standard 4: *Produce clear and coherent writing in which the development, organization, and style are appropriate to task, purpose, and audience.*

HOW TO USE THIS BOOK (cont.)

Using the Practice Pages

Practice pages provide instruction and assessment opportunities for each day of the school year. The activities are organized into weekly themes, and teachers may wish to prepare packets of each week's practice pages for students. Days 1, 2, and 3 follow a consistent format, with a short piece of text and four corresponding items. As outlined on page 4, every item is aligned to a reading standard.

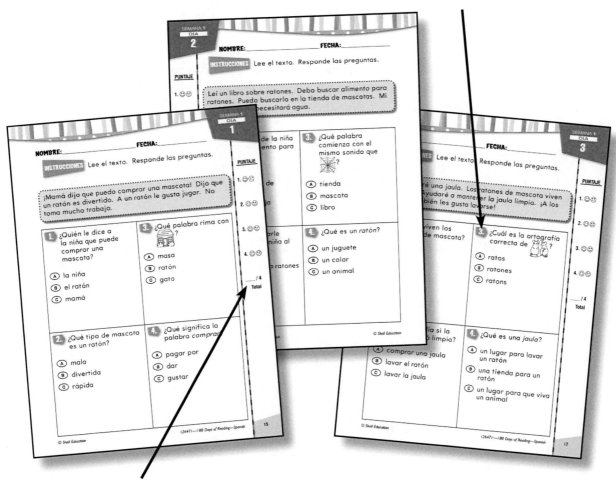

Using the Scoring Guide

Use the scoring guide along the side of each practice page to check answers and see at a glance which skills may need more reinforcement.

Fill in the appropriate circle for each item to indicate correct (☺) or incorrect (☹) responses. You might wish to indicate only incorrect responses to focus on those skills. (For example, if students consistently miss questions 2 and 4, they may need additional help with those concepts as outlined in the table on page 4.) Use the answer key at the back of the book to score the items, or you may call out answers to have students self-score or peer-score their work.

© Shell Education   126471—180 Days of Reading—Spanish

HOW TO USE THIS BOOK (cont.)

 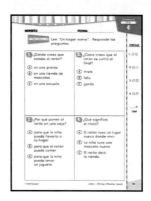 

A longer text is used for Days 4 and 5. Students answer more in-depth comprehension questions on Day 4 and complete a written response to the text on Day 5. This longer text can also be used for fluency practice (see page 7).

Writing Rubric

Score students' written response using the rubric below. Display the rubric for students to reference as they write (G1_writing_rubric.pdf).

Points	Criteria
4	• Uses an appropriate organizational sequence to produce very clear and coherent writing • Uses descriptive language that develops or clarifies ideas • Engages the reader • Uses a style very appropriate to task, purpose, and audience
3	• Uses an organizational sequence to produce clear and coherent writing • Uses descriptive language that develops or clarifies ideas • Engages the reader • Uses a style appropriate to task, purpose, and audience
2	• Uses an organizational sequence to produce somewhat clear and coherent writing • Uses some descriptive language that develops or clarifies ideas • Engages the reader in some way • Uses a style somewhat appropriate to task, purpose, and audience
1	• Does not use an organized sequence; the writing is not clear or coherent • Uses little descriptive language to develop or clarify ideas • Does not engage the reader • Does not use a style appropriate to task, purpose, or audience
0	Offers no writing or does not respond to the assignment presented

HOW TO USE THIS BOOK (cont.)

Developing Students' Fluency Skills

What Is Fluency?

According to the National Reading Panel Report, there are five critical factors that are vital to effective reading instruction: phonemic awareness, phonics, fluency, vocabulary, and comprehension (2000). Rasinski (2006) defines fluency as "the ability to accurately and effortlessly decode the written words and then to give meaning to those words through appropriate phrasing and oral expression of the words." Wolf (2005) notes that the goal of developing fluency is comprehension rather than the ability to read rapidly. Becoming a fluent reader is a skill that develops gradually and requires practice. Reading text repeatedly with a different purpose each time supports the development of fluency in young children (Rasinski 2003).

Assessing Fluency

Fluent readers read accurately, with expression, and at a good pace. A Fluency Rubric along with detailed instructions for scoring and keeping oral reading records is included in the digital resources (G1_fluency.pdf).

The table below lists fluency norms by grade level (Rasinski 2003):

Student Fluency Norms Based On Words Correct Per Minute (WCPM)			
Grade	Fall	Winter	Spring
1	—	—	60 wcpm
2	53	78	94
3	79	93	114
4	99	112	118
5	105	118	128
6	115	132	145

HOW TO USE THIS BOOK (cont.)

Diagnostic Assessment

Teachers can use the practice pages as diagnostic assessments. The data analysis tools included with the book enable teachers or parents to quickly score students' work and monitor their progress. Teachers and parents can see at a glance which reading concepts or skills students may need to target in order to develop proficiency.

After students complete a practice page, grade each page using the answer key (pages 231–237). Then, complete the Practice Page Item Analysis for the appropriate day (pages 10–11) for the whole class, or the Student Item Analysis (pages 12–13) for individual students. These charts are also provided in the digital resources (filenames: G1_practicepage_analysis.pdf, G1_student_analysis.pdf). Teachers can input data into the electronic files directly on the computer, or they can print the pages and analyze students' work using paper and pencil.

To complete the Practice Page Item Analyses:

- Write or type students' names in the far-left column. Depending on the number of students, more than one copy of the form may be needed, or you may need to add rows.

- The item numbers are included across the top of the charts. Each item correlates with the matching question number from the practice page.

- For each student, record an *X* in the column if the student has the item incorrect. If the item is correct, leave the item blank.

- Count the *X*s in each row and column and fill in the correct boxes.

To complete the Student Item Analyses:

- Write or type the student's name on the top row. This form tracks the ongoing progress of each student, so one copy per student is necessary.

- The item numbers are included across the top of the chart. Each item correlates with the matching question number from the practice page.

- For each day, record an *X* in the column if the student has the item incorrect. If the item is correct, leave the item blank.

- Count the *X*s in each row and column and fill in the correct boxes.

HOW TO USE THIS BOOK (cont.)

Using the Results to Differentiate Instruction

Once results are gathered and analyzed, teachers can use the results to inform the way they differentiate instruction. The data can help determine which concepts are the most difficult for students and which need additional instructional support and continued practice. Depending on how often the practice pages are scored, results can be considered for instructional support on a daily or weekly basis.

Whole-Class Support

The results of the diagnostic analysis may show that the entire class is struggling with a particular concept or group of concepts. If these concepts have been taught in the past, this indicates that further instruction or reteaching is necessary. If these concepts have not been taught in the past, this data is a great preassessment and demonstrates that students do not have a working knowledge of the concepts. Thus, careful planning for the length of the unit(s) or lesson(s) must be considered, and additional frontloading may be required.

Small-Group or Individual Support

The results of the diagnostic analysis may show that an individual or small group of students is struggling with a particular concept or group of concepts. If these concepts have been taught in the past, this indicates that further instruction or reteaching is necessary. Consider pulling aside these students while others are working independently to instruct further on the concept(s). Teachers can also use the results to help identify individuals or groups of proficient students who are ready for enrichment or above-grade-level instruction. These students may benefit from independent learning contracts or more challenging activities. Students may also benefit from extra practice using games or computer-based resources.

Digital Resources

Reference page 239 for information about accessing the digital resources and an overview of the contents.

PRACTICE PAGE ITEM ANALYSIS DAYS 1–3

Directions: Record an *X* in cells to indicate where students have missed questions. Add up the totals. You can view the following: (1) which items were missed per student; (2) the total correct score for each student; and (3) the total number of students who missed each item.

Week: _____ Day: _____

Student Name	Item # 1	2	3	4	# correct
Sample Student		X			3/4
# of students missing each question					

PRACTICE PAGE ITEM ANALYSIS DAYS 4–5

Directions: Record an X in cells to indicate where students have missed questions. Add up the totals. You can view the following: (1) which items were missed per student; (2) the total correct score for each student; and (3) the total number of students who missed each item.

Week: _____ Day: _____

Item #	1	2	3	4	# correct	Written Response
Student Name						
Sample Student		X			3/4	3
# of students missing each question						**Written Response Average:**

STUDENT ITEM ANALYSIS DAYS 1–3

Directions: Record an *X* in cells to indicate where the student has missed questions. Add up the totals. You can view the following: (1) which items the student missed; (2) the total correct score per day; and (3) the total number of times each item was missed.

Student Name: Sample Student						
Item		1	2	3	4	# correct
Week	Day					
1	1		X			3/4
Total						

STUDENT ITEM ANALYSIS DAYS 4-5

Directions: Record an *X* in cells to indicate where the student has missed questions. Add up the totals. You can view the following: (1) which items the student missed; (2) the total correct score per day; and (3) the total number of times each item was missed.

Student Name: Sample Student						
	Day 4					Day 5
Item	1	2	3	4	# correct	Written Response
Week						
1		X			3/4	3
Total						
						Written Response Average:

STANDARDS CORRELATIONS

Shell Education is committed to producing educational materials that are research and standards based. In this effort, we have correlated all of our products to the academic standards of all 50 United States, the District of Columbia, the Department of Defense Dependent Schools, and all Canadian provinces.

How To Find Standards Correlations

To print a customized correlation report of this product for your state, visit our website at **www.tcmpub.com/shell-education** and follow the on-screen directions. If you require assistance in printing correlation reports, please contact Customer Service at 1-877-777-3450.

Purpose and Intent of Standards

Legislation mandates that all states adopt academic standards that identify the skills students will learn in kindergarten through grade twelve. Many states also have standards for Pre-K. This same legislation sets requirements to ensure the standards are detailed and comprehensive.

Standards are designed to focus instruction and guide adoption of curricula. Standards are statements that describe the criteria necessary for students to meet specific academic goals. They define the knowledge, skills, and content students should acquire at each level. Standards are also used to develop standardized tests to evaluate students' academic progress. Teachers are required to demonstrate how their lessons meet state standards. State standards are used in the development of all of our products, so educators can be assured they meet the academic requirements of each state.

College and Career Readiness

The activities in this book are aligned to the college and career readiness (CCR) standards. The chart on page 4 lists each standard that is addressed in this product.

TESOL and WIDA Standards

The activities in this book promote English language development for English language learners.

NOMBRE: _____ **FECHA:** _____

INSTRUCCIONES Lee el texto. Responde las preguntas.

> ¡Mamá dijo que puedo comprar una mascota! Dijo que un ratón es divertido. A un ratón le gusta jugar. No toma mucho trabajo.

1. ¿Quién le dice a la niña que puede comprar una mascota?

- Ⓐ la niña
- Ⓑ el ratón
- Ⓒ mamá

2. ¿Qué tipo de mascota es un ratón?

- Ⓐ mala
- Ⓑ divertida
- Ⓒ rápida

3. ¿Qué palabra rima con 🏠?

- Ⓐ masa
- Ⓑ ratón
- Ⓒ gato

4. ¿Qué significa la palabra *comprar*?

- Ⓐ pagar por
- Ⓑ dar
- Ⓒ gustar

SEMANA 1 / DÍA 1

PUNTAJE

1. 😊 😐
2. 😊 😐
3. 😊 😐
4. 😊 😐

___ / 4 Total

NOMBRE: _____ **FECHA:** _____

INSTRUCCIONES Lee el texto. Responde las preguntas.

> Leí un libro sobre ratones. Debo buscar alimento para ratones. Puedo buscarlo en la tienda de mascotas. Mi ratón también necesitará agua.

1. ¿Dónde puede la niña buscar alimento para ratones?

- A) en casa
- B) en la tienda de mascotas
- C) en una granja

2. ¿Qué debe darle de comer la niña al ratón?

- A) alimento para ratones
- B) carne y pan
- C) huevos

3. ¿Qué palabra comienza con el mismo sonido que ?

- A) tienda
- B) mascota
- C) libro

4. ¿Qué es un *ratón*?

- A) un juguete
- B) un color
- C) un animal

NOMBRE: _____ **FECHA:** _____

INSTRUCCIONES Lee el texto. Responde las preguntas.

> Yo compraré una jaula. Los ratones de mascota viven en jaulas. Ayudaré a mantener la jaula limpia. ¡A los ratones también les gusta lavarse!

1. ¿Dónde viven los ratones de mascota?

- A agujero
- B jaula
- C cueva

3. ¿Cuál es la ortografía correcta de 🐭🐭?

- A ratos
- B ratones
- C ratons

2. ¿Qué hará ella si la jaula no está limpia?

- A comprar una jaula
- B lavar el ratón
- C lavar la jaula

4. ¿Qué es una *jaula*?

- A un lugar para lavar un ratón
- B una tienda para un ratón
- C un lugar para que viva un animal

NOMBRE: _____ **FECHA:** _____

Un hogar nuevo

El ratón blanco estaba en una gran jaula. Luego una niña dijo: "Yo quiero ese". Una mano grande levantó el ratón y lo puso en una caja. El ratón pronto se sintió feliz. ¡Este tenía una jaula nueva y una amiga nueva!

NOMBRE: _____ **FECHA:** _____

INSTRUCCIONES Lee "Un hogar nuevo". Responde las preguntas.

PUNTAJE

1. ¿Dónde crees que estaba el ratón?

- A en una granja
- B en una tienda de mascotas
- C en una escuela

2. ¿Por qué ponen al ratón en una caja?

- A para que la niña pueda llevarlo a su hogar
- B para que el ratón pueda comer
- C para que la niña pueda tener un juguete

3. ¿Cómo crees que el ratón se sintió al final?

- A triste
- B feliz
- C gordo

4. ¿Qué significa el título?

- A El ratón tuvo un lugar nuevo donde vivir.
- B La niña tuvo una mascota nueva.
- C El ratón dejó la tienda.

1. 😊 😐

2. 😊 😐

3. 😊 😐

4. 😊 😐

___/ 4
Total

SEMANA 1 — DÍA 5

PUNTAJE ___/4

NOMBRE: _____ **FECHA:** _____

- **Vuelve a leer** "Un hogar nuevo".
- **Piensa en** lo que la niña hace para recoger su mascota nueva.
- **Escribe sobre** lo que la niña hace.

NOMBRE: _____ **FECHA:** _____

INSTRUCCIONES Lee el texto. Responde las preguntas.

> Comer manzanas es bueno. ¿Has visto un árbol de manzanas? Puedes recolectar las manzanas en otoño. Es el momento cuando están maduras.

1. ¿Dónde crecen las manzanas?

- Ⓐ en un arbusto
- Ⓑ en un árbol
- Ⓒ en una granja

2. ¿Cuándo puedes recolectar manzanas?

- Ⓐ en otoño
- Ⓑ en verano
- Ⓒ en primavera

3. ¿Qué palabra tiene la palabra *colectar* en su interior?

- Ⓐ árbol
- Ⓑ recolectar
- Ⓒ maduras

4. ¿Qué significa la palabra *maduras*?

- Ⓐ rojas
- Ⓑ más viejas
- Ⓒ listas

PUNTAJE

1. ☺ 😐
2. ☺ 😐
3. ☺ 😐
4. ☺ 😐

___/4 Total

SEMANA 2
DÍA 2

NOMBRE: _____ **FECHA:** _____

INSTRUCCIONES Lee el texto. Responde las preguntas.

PUNTAJE

1. 😊 😐

> Corta una manzana en dos. El centro se llama *corazón*. Observa una semilla. ¡Un árbol grande puede crecer a partir de esa pequeña semilla!

2. 😊 😐

3. 😊 😐

1. ¿A partir de qué crecen los árboles?

- Ⓐ un corazón
- Ⓑ una semilla
- Ⓒ un árbol

3. ¿Qué palabra rima con 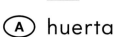 ?

- Ⓐ huerta
- Ⓑ manzana
- Ⓒ semilla

4. 😊 😐

___/4
Total

2. ¿En cuántas partes se corta la manzana?

- Ⓐ no se corta
- Ⓑ tres
- Ⓒ dos

4. ¿Cómo se llama al centro de una manzana?

- Ⓐ tallo
- Ⓑ una semilla
- Ⓒ corazón

NOMBRE: _____ **FECHA:** _____

INSTRUCCIONES Lee el texto. Responde las preguntas.

> Puedes comer una manzana. También puedes hacer puré de manzana. Las manzanas pueden hacerse jugo. ¡Pero un pastel de manzanas es lo que me gusta comer al mediodía!

1. ¿Cuáles son algunas maneras de comer manzanas?

- A en puré o en bandeja
- B como jugo o en un vaso
- C como jugo o como puré

2. ¿Qué le gusta más al escritor?

- A jugo de manzana
- B pastel de manzanas
- C manzanas crudas

3. ¿Qué palabra está formada por dos palabras?

- A puré
- B mediodía
- C mejor

4. ¿Qué es una *manzana*?

- A una fruta
- B una estación del año
- C una bebida

SEMANA 2 · DÍA 3

PUNTAJE

1. ☺ 😐
2. ☺ 😐
3. ☺ 😐
4. ☺ 😐

___ / 4 Total

NOMBRE: _____ **FECHA:** _____

Morder la manzana

¡Prepárate para un juego divertido! Esto es lo que debes hacer. Primero, busca un balde grande. Coloca agua en el balde. Agrega muchas manzanas. Túrnense con algunos amigos. Intenten sacar una manzana con la boca. ¡Sin manos! Tienes que morder la manzana. ¡Diviértete mordiendo la manzana!

NOMBRE: _____ **FECHA:** _____

SEMANA 2 DÍA 4

INSTRUCCIONES Lee "Morder la manzana". Responde las preguntas.

1. ¿Qué podría ocurrir en el juego?

- Ⓐ Podrías mojarte.
- Ⓑ Podrías comer mucho.
- Ⓒ Podrías hacer un pastel.

2. ¿Qué necesitas para este juego?

- Ⓐ agua, un balde grande y un trapeador
- Ⓑ agua, pequeñas bandejas y manzanas
- Ⓒ agua, un balde grande y manzanas

3. ¿Qué significa la palabra *morder*?

- Ⓐ mover la cabeza de arriba hacia abajo
- Ⓑ clavar los dientes
- Ⓒ saltar

4. ¿Cuál es la idea principal?

- Ⓐ cómo jugar el juego
- Ⓑ cómo limpiar manzanas
- Ⓒ cómo llenar un balde

PUNTAJE

1. ☺ 😐
2. ☺ 😐
3. ☺ 😐
4. ☺ 😐

___ / 4 Total

SEMANA 2
DÍA 5

NOMBRE: _____ **FECHA:** _____

PUNTAJE ___ / 4

Vuelve a leer "Morder la manzana".

Piensa en cómo morder las manzanas.

Escribe sobre cómo jugar el juego.

NOMBRE: _____ **FECHA:** _____

INSTRUCCIONES Lee el texto. Responde las preguntas.

> Las hojas secas son rojas y doradas. Las noches son frescas. Las calabazas naranjas están en las tiendas. ¡El otoño llegó por fin!

1. ¿Qué época del año es en el texto?

- A primavera
- B otoño
- C verano

2. ¿De qué colores son las hojas?

- A verde y amarillo
- B verde y naranja
- C rojo y dorado

3. ¿Qué palabra comienza con el mismo sonido que ?

- A doradas
- B secas
- C calabaza

4. ¿Qué significa la palabra *frescas*?

- A un poco frías
- B un poco ventosas
- C un poco cálidas

INSTRUCCIONES Lee el texto. Responde las preguntas.

> ¿Están las hojas en el suelo? Busca un rastrillo y ponte a trabajar. Haz una gran pila de hojas. ¡Salta encima! ¡Esto es divertido!

1. ¿Dónde ocurre este texto?

- A afuera
- B adentro
- C en una granja

2. ¿Qué puedes hacer con un rastrillo?

- A podar un árbol
- B apilar hojas
- C obtener un trabajo

3. ¿Cuál es la ortografía correcta de ?

- A rastrilo
- B rastriyo
- C rastrillo

4. ¿A qué se refiere *esto* en el texto?

- A las hojas que caen sobre el suelo
- B saltar sobre una pila de hojas
- C rastrillar las hojas

NOMBRE: _____ **FECHA:** _____

INSTRUCCIONES Lee el texto. Responde las preguntas.

> El fútbol americano es divertido en otoño. Puedes mirar un partido en la televisión. ¿Te gusta correr o patear? ¡Quizás también quieras jugar!

1. ¿Cuándo son divertidos los partidos de fútbol americano?

- A en otoño
- B por la mañana
- C en verano

2. ¿Qué es fútbol americano?

- A un tipo de pie
- B un tipo de juego
- C un tipo de zapato

3. ¿Cuáles dos partes de palabras forman ?

- A béis y bol
- B balón y cesto
- C fút y bol

4. ¿Qué significa la palabra *patear*?

- A golpear con el pie
- B golpear con la pierna
- C golpear con el brazo

PUNTAJE

1. ☺ ☹
2. ☺ ☹
3. ☺ ☹
4. ☺ ☹

___ / 4
Total

NOMBRE: _____ **FECHA:** _____

Dos otoños

Las hojas estuvieron brillantes el último otoño. Hubo días soleados y noches frescas. El sol ayuda a que las hojas fabriquen alimento. Esto ayuda a que las hojas mantengan los colores. Este año, las noches son cálidas y los días son frescos. Hay muchas nubes. Las hojas se ven monótonas. ¡Pero aún así me gusta el otoño!

NOMBRE: _____ **FECHA:** _____

INSTRUCCIONES Lee "Dos otoños". Responde las preguntas.

1. ¿Por qué estuvieron brillantes las hojas el otoño pasado?

(A) Hubo mucha lluvia.
(B) Las hojas eran rojas y doradas.
(C) Las hojas pudieron fabricar alimento.

2. ¿Cómo es el tiempo este año?

(A) noches cálidas y días frescos
(B) días nublados y noches frescas
(C) noches cálidas y días soleados

3. ¿Qué te dice el texto sobre las hojas?

(A) que crecen en árboles
(B) que necesitan sol para fabricar su alimento
(C) que necesitan nubes para mantenerse brillantes

4. ¿Cuál es la idea principal?

(A) Las hojas son brillantes o monótonas.
(B) Las hojas cambian en otoño.
(C) Las nubes hacen a las hojas monótonas.

SEMANA 3
DÍA 5

PUNTAJE
___/4

NOMBRE: _____ **FECHA:** _____

Vuelve a leer "Dos otoños".

Piensa si las hojas cambian de color en otoño en el lugar donde vives.

Escribe sobre cómo es el otoño donde vives.

NOMBRE: _____ **FECHA:** _____

INSTRUCCIONES Lee el texto. Responde las preguntas.

> Las hormigas tienen una reina tal como las abejas. Su trabajo es poner huevos. Todas las otras hormigas trabajan para ella. Tantas hormigas trabajan.

1. ¿En qué se parecen las hormigas y las abejas?

- A) A ambas les gusta la miel.
- B) Viven en el mismo lugar.
- C) Ambas tienen una reina.

2. ¿Qué hace la reina?

- A) Hace que las hormigas trabajen.
- B) Pone huevos.
- C) Consigue el alimento.

3. ¿Qué imagen rima con *tantas*?

- A)
- B)
- C)

4. ¿A qué se refiere *su* en este texto?

- A) la reina
- B) las hormigas
- C) una niña

NOMBRE: _____ **FECHA:** _____

INSTRUCCIONES Lee el texto. Responde las preguntas.

> Algunas hormigas obreras buscan alimento. Usan el olor para marcar un rastro hacia el alimento. Entonces más hormigas pueden encontrar el alimento.

1. Una hormiga obrera encuentra alimento. ¿Qué sucede después?
- A) Más hormigas pueden encontrar el alimento. Las hormigas usan el olor para marcar un rastro hacia el alimento.
- B) Más hormigas buscan alimento.
- C) Las hormigas permanecen en el hormiguero.

2. ¿Cómo usan el olor las hormigas?
- A) para encontrar el camino a casa
- B) para saber si el alimento es bueno
- C) para decir a otras hormigas dónde está el alimento

3. ¿Qué palabra termina con el mismo sonido que (tenedor)?
- A) alimento
- B) olor
- C) hormigas

4. ¿Qué significa la palabra *hormigas*?
- A) una hormiga
- B) ninguna hormiga
- C) muchas hormigas

NOMBRE: _____ **FECHA:** _____

INSTRUCCIONES Lee el texto. Responde las preguntas.

> ¿Te ha mordido alguna hormiga? Algunas hormigas morderán o picarán para permanecer seguras. La mayoría de las hormigas solo quieren hacer su trabajo.

1. ¿Por qué muerden algunas hormigas?

- A para conseguir alimento
- B para llegar al hormiguero
- C para permanecer seguras

2. ¿Qué quieren hacer la mayoría de las hormigas?

- A trabajar
- B picar
- C morder

3. ¿Qué palabra tiene los mismos sonidos vocálicos que 🐻?

- A pila
- B solo
- C mano

4. ¿Cuál es lo opuesto de *seguras*?

- A heridas
- B no heridas
- C mordidas

La granja de hormigas

Consigue una granja de hormigas si quieres aprender mucho sobre las hormigas. Puedes ver la fuerza que tienen las hormigas. Puedes verlas cuando hacen túneles y comen. Será divertido mirar las hormigas. Pero también debes cuidarlas.

NOMBRE: _____ **FECHA:** _____

INSTRUCCIONES Lee "La granja de hormigas". Responde las preguntas.

1. ¿Qué es una granja de hormigas?

- Ⓐ un contenedor para que vivan las hormigas
- Ⓑ una granja para cultivar alimento para hormigas
- Ⓒ un agujero afuera donde viven las hormigas

2. ¿Para qué sirven las granjas de hormigas?

- Ⓐ para aprender cómo criar animales
- Ⓑ para obtener una mascota nueva
- Ⓒ para aprender cómo trabajan las hormigas

3. Piensa en las granjas de hormigas. ¿Cuál es verdadera?

- Ⓐ Las hormigas no trabajan mucho.
- Ⓑ Las hormigas hacen túneles.
- Ⓒ Una granja de hormigas tiene un granjero.

4. ¿Qué te dice este texto?

- Ⓐ cómo encontrar hormigas
- Ⓑ qué es una granja de hormigas
- Ⓒ cómo observar las hormigas

PUNTAJE

1. ☺ 😐
2. ☺ 😐
3. ☺ 😐
4. ☺ 😐

___ / 4
Total

SEMANA 4
DÍA 5

NOMBRE: _____ **FECHA:** _____

PUNTAJE
___ / 4

 Vuelve a leer "La granja de hormigas".

 Piensa en si las hormigas deben estar en su hormiguero o en una granja de hormigas.

 Escribe sobre si crees que las granjas de hormigas son buenas o malas.

NOMBRE: _____ **FECHA:** _____

INSTRUCCIONES Lee el texto. Responde las preguntas.

> Papá y Pam quieren cocinar una calabaza. Primero, papá la corta para abrirla. Luego, ellos la limpian. Ellos lavan las semillas.

1. ¿Quién corta la calabaza?

- A) Pam
- B) papá
- C) las semillas

2. ¿Qué hacen Pam y papá con las semillas?

- A) las lavan
- B) se las comen
- C) las botan

3. ¿Qué palabra rima con ?

- A) vivo
- B) semilla
- C) cocinar

4. ¿Qué oración usa la palabra *cortar* de la misma manera que en el texto?

- A) Vamos a cortar por lo sano.
- B) Corta la pizza.
- C) Se cortó la luz.

NOMBRE: _____ **FECHA:** _____

INSTRUCCIONES Lee el texto. Responde las preguntas.

> Papá pone aceite en una sartén. Pam agrega las semillas de calabaza. Papá agrega una pizca de sal. ¡Es hora de hornear las semillas!

1. ¿Quién pone cosas en la sartén?

- A) Pam
- B) aceite y sal
- C) Pam y papá

2. ¿Qué van a hacer Pam y papá?

- A) limpiar la calabaza
- B) hornear las semillas
- C) hacer un pastel

3. ¿Qué palabra tiene el mismo sonido vocálico que *sal*?

- A) pan
- B) nuez
- C) luz

4. ¿Qué oración usa la palabra *sal* de la misma manera que en el texto?

- A) La sal de la vida es la amistad.
- B) Sal de ahí por favor.
- C) Agrega sal y pimienta a la comida.

NOMBRE: _____ **FECHA:** _____

INSTRUCCIONES Lee el texto. Responde las preguntas.

> Papá corta la calabaza. Pam la pela. Ellos ponen las partes en una olla. La dejan hervir. Luego, la hacen puré.

1. ¿Dónde están papá y Pam?

- A en la cocina
- B en una huerta
- C en una tienda

2. ¿Qué hacen al final?

- A hierven la calabaza
- B hacen puré la calabaza
- C pelan la calabaza

3. ¿Cuál es la ortografía correcta de 🎃?

- A calabasa
- B calabaza
- B calavaza

4. ¿A qué se refiere *la* en "Luego, la hacen puré"?

- A papá
- B la olla
- C la calabaza

PUNTAJE

1. 😊 😐
2. 😊 😐
3. 😊 😐
4. 😊 😐

___/ 4
Total

La sorpresa de calabaza

Pam y papá hacen una base de masa. Hacen el relleno del pastel. Rellenan la masa. ¡Pero aún queda más calabaza! Hacen galletas de calabaza. ¡Aún queda más calabaza! Papá dijo: "Podemos usarla para el desayuno".

NOMBRE: _____ **FECHA:** _____

SEMANA 5
DÍA 4

INSTRUCCIONES Lee "La sorpresa de calabaza". Responde las preguntas.

PUNTAJE

1. ¿Por qué hacen galletas Pam y papá?
   - Ⓐ Les gustan las galletas.
   - Ⓑ Tenían más calabaza.
   - Ⓒ Tenían más base de masa.

2. ¿Por qué tienen tanta calabaza?
   - Ⓐ La calabaza es muy grande.
   - Ⓑ La calabaza tiene muchas semillas.
   - Ⓒ A ellos les gusta cocinar calabazas.

3. ¿Qué crees que hará papá para el desayuno?
   - Ⓐ panqueques de calabaza
   - Ⓑ más pastel de calabaza
   - Ⓒ huevos y pan tostado

4. ¿Cuál es la idea principal del texto?
   - Ⓐ A Pam y papá les gusta hacer pastel.
   - Ⓑ Pam y papá usan mucha calabaza.
   - Ⓒ Pam y papá no harán pastel otra vez.

1. 😊 😐
2. 😊 😐
3. 😊 😐
4. 😊 😐

___ / 4
Total

© Shell Education   126471—180 Days of Reading—Spanish

SEMANA 5
DÍA 5

NOMBRE: _____ **FECHA:** _____

PUNTAJE ___ / 4

Vuelve a leer "La sorpresa de calabaza".

Piensa en el gran desorden que hicieron Pam y papá.

Escribe sobre lo que Pam y papá hacen a después.

NOMBRE: _____ **FECHA:** _____

INSTRUCCIONES Lee el texto. Responde las preguntas.

> ¿Comerías diez paquetes de azúcar? Una lata de refresco puede tener esa cantidad de azúcar. La mejor bebida para el cuerpo es el agua.

1. ¿Cuál es verdadera?

- Ⓐ El azúcar es buena para ti.
- Ⓑ El agua tiene azúcar.
- Ⓒ El agua es buena para ti.

2. ¿Cuánto azúcar puede tener una lata de refresco?

- Ⓐ una taza
- Ⓑ diez paquetes
- Ⓒ dos tazas

3. ¿Qué palabra comienza con el mismo sonido que *azúcar*?

- Ⓐ agua
- Ⓑ jarabe
- Ⓒ sal

4. ¿Qué es el *azúcar*?

- Ⓐ un polvo dulce
- Ⓑ una bebida
- Ⓒ agua

SEMANA 6 DÍA 2

NOMBRE: _____ **FECHA:** _____

INSTRUCCIONES Lee el texto. Responde las preguntas.

PUNTAJE

1. ☺ ☹
2. ☺ ☹
3. ☺ ☹
4. ☺ ☹

___/4 Total

¿Te gustan las meriendas después de la escuela? Omite las galletas. Come alguna fruta. Pon mantequilla de maní en bastones de apio. ¡Te sentirás bien!

1. ¿Cuál es una buena merienda?

Ⓐ alimentos saludables
Ⓑ cualquier cosa que quieras
Ⓒ comida rápida

2. ¿Qué merienda **no** es buena para ti?

Ⓐ mantequilla de maní sobre rodajas de manzana
Ⓑ galletas y refrescos
Ⓒ rodajas de manzana y bananas

3. ¿Qué palabra rima con ?

Ⓐ escuela
Ⓑ merienda
Ⓒ camiones

4. ¿Cuál es una fruta?

Ⓐ plátano
Ⓑ zanahoria
Ⓒ mantequilla de maní

NOMBRE: _____ **FECHA:** _____

INSTRUCCIONES Lee el texto. Responde las preguntas.

¿Te gusta la ensalada para el almuerzo? Algunas escuelas tienen una barra de ensaladas. Algunas escuelas también tienen frutas. Las escuelas quieren tener alimentos buenos que les gusten a los niños.

1. ¿Qué tienen algunas escuelas para el almuerzo?

- A) sopa y una barra de sándwiches
- B) frutas y una barra de ensaladas
- C) pizza y papas fritas

2. ¿Por qué las escuelas quieren tener alimentos buenos?

- A) para que los niños jueguen mucho
- B) para que los niños coman alimentos buenos
- C) para que a los niños les gusten

3. ¿Qué palabra termina con el mismo sonido vocálico que 🥜?

- A) ensalada
- B) fruta
- C) aguacate

4. ¿Qué es el *almuerzo*?

- A) la comida que se come por la mañana
- B) la comida que se come al mediodía
- C) la comida que se come por la noche

NOMBRE: _____ **FECHA:** _____

Almuerzo escolar en Francia

Las escuelas de Francia quieren que los niños coman almuerzos buenos. A la mayoría de los niños les gusta el ketchup. Pero el ketchup tiene mucho azúcar. Los niños franceses pueden usar ketchup solo una vez a la semana. Eso es cuando los niños comen una hamburguesa y papas fritas.

NOMBRE: _____ **FECHA:** _____

SEMANA 6 — DÍA 4

INSTRUCCIONES: Lee "Almuerzo escolar en Francia". Responde las preguntas.

PUNTAJE

1. ¿Por qué quieren buenos almuerzos para los niños las escuelas de Francia?

- Ⓐ para comer ketchup
- Ⓑ para comer sano
- Ⓒ para comer hamburguesas

2. ¿Qué comen los niños con ketchup?

- Ⓐ papas fritas
- Ⓑ encurtidos
- Ⓒ azúcar

3. ¿Cuál es el problema con el ketchup?

- Ⓐ Tiene mal sabor.
- Ⓑ Cuesta mucho dinero.
- Ⓒ Tiene mucho azúcar.

4. ¿Cuál es la idea principal?

- Ⓐ A los niños de Francia no les gusta el ketchup.
- Ⓑ Las escuelas de Francia ofrecen menos ketchup.
- Ⓒ A las escuelas de Francia no les gustan los niños.

1. ☺ 😐
2. ☺ 😐
3. ☺ 😐
4. ☺ 😐

___ / 4
Total

SEMANA 6
DÍA 5

PUNTAJE

___ / 4

NOMBRE: _____ **FECHA:** _____

Vuelve a leer "Almuerzo escolar en Francia".

Piensa en los almuerzos que comen los niños en Francia y los almuerzos que comes tú.

Escribe sobre cuál crees que es el mejor almuerzo escolar.

NOMBRE: _____ **FECHA:** _____

INSTRUCCIONES Lee el texto. Responde las preguntas.

> A Mark y Pam les encanta disfrazarse. A ellos también les gusta hacer los disfraces. "Deberíamos hacer un desfile", dice Mark.

1. ¿Qué les gusta hacer a Mark y Pam?

- A) ir de excursión
- B) disfrazarse
- C) dormir la siesta

2. ¿Qué tipo de desfile tendrán?

- A) de circo
- B) de canto
- C) de disfraces

3. ¿Qué palabra **no** termina con el mismo sonido que 🚲?

- A) disfraces
- B) encanta
- C) gusta

4. ¿A qué se refiere *ellos* en este texto?

- A) el desfile
- B) Mark y Pam
- C) los disfraces

NOMBRE: _____ **FECHA:** _____

INSTRUCCIONES Lee el texto. Responde las preguntas.

Mark y Pam piden ayuda a Kim y a Luis. Ellos traen sus perros. Mark dice: "¡Mejor, ahora nosotros podemos hacer un desfile de mascotas!".

1. ¿Quién ayuda a Mark y a Pam?

Ⓐ los perros
Ⓑ el desfile
Ⓒ Kim y Luis

2. ¿Qué quiere hacer Mark?

Ⓐ comer una merienda
Ⓑ hacer casas para mascotas
Ⓒ hacer un desfile de mascotas

3. ¿Qué palabra **no** rima con *traer*?

Ⓐ caer
Ⓑ perro
Ⓒ saber

4. ¿A qué se refiere *nosotros* en este texto?

Ⓐ todos los niños
Ⓑ Kim y Luis
Ⓒ Mark y Pam

NOMBRE: _____ **FECHA:** _____

INSTRUCCIONES Lee el texto. Responde las preguntas.

> Luis pone un sombrero de espantapájaros a su perro. Kim viste a su perro con un sombrero de payaso y una falda. Pam pone orejas de conejo a su gato. Mark pone su gato en un cochecito.

1. ¿Quién se disfraza?

- A) Luis
- B) las mascotas
- C) Pam

2. ¿Qué mascota está vestida de conejo?

- A) el perro de Luis
- B) el perro de Kim
- C) el gato de Pam

3. La palabra *espantapájaros* está formada por dos palabras: *espanta* y *pájaros*. ¿Qué otra palabra está formada por dos palabras?

- A) baloncesto
- B) globo
- C) flor

4. ¿Qué significa la palabra *viste* en este texto?

- A) pone ropa
- B) ver con los ojos
- C) un perro con un vestido

NOMBRE: _____ **FECHA:** _____

El desfile de mascotas

El desfile comienza al mediodía. Más niños traen mascotas con disfraces. Un perro parece una abeja. Un cachorro tiene puesta una corona. Un gato va de bebé en un cochecito. Las mascotas no se ven felices. Pero luego los perros reciben premios para perros. Los gatos reciben juguetes. ¡Ahora, todos están felices!

NOMBRE: _____ **FECHA:** _____

INSTRUCCIONES Lee "El desfile de mascotas". Responde las preguntas.

---

1. ¿Cómo crees que se sienten los niños sobre el desfile?

- Ⓐ hambrientos
- Ⓑ cansados
- Ⓒ felices

2. ¿Qué hay en el cochecito?

- Ⓐ un bebé
- Ⓑ un gato
- Ⓒ un perro

3. ¿Por qué crees que las mascotas no estaban felices?

- Ⓐ A ellas no les gustaba tener disfraces.
- Ⓑ Ellas querían ir a casa.
- Ⓒ A ellas no les gustaban las otras mascotas.

4. ¿Cuál es otro buen título para este texto?

- Ⓐ Cómo hacer felices a las mascotas
- Ⓑ Mascotas en Halloween
- Ⓒ Animales en desfile

PUNTAJE

1. 😊 😐

2. 😊 😐

3. 😊 😐

4. 😊 😐

___ / 4
Total

SEMANA 7 DÍA 5

NOMBRE: _____ **FECHA:** _____

PUNTAJE ___/4

 Vuelve a leer "El desfile de mascotas".

 Piensa en cómo vestirías una mascota para un desfile.

Escribe sobre cómo sería tu desfile de mascotas.

NOMBRE: _____ **FECHA:** _____

INSTRUCCIONES Lee el texto. Responde las preguntas.

> Los bomberos viven en la estación de bomberos los días de trabajo. Permanecen allí para estar listos para ayudar a combatir incendios. ¡Fuego! ¡Es hora de subir al camión!

1. ¿Dónde viven los bomberos los días de trabajo?

- A en la casa
- B en la estación de bomberos
- C en el camión de bomberos

2. ¿Por qué viven los bomberos en la estación?

- A para estar listos cuando haya un incendio
- B para ayudar a combatir un incendio
- C para aprender cómo combatir un incendio

3. ¿Cuál es la ortografía correcta de 🚚?

- A camin
- B camiona
- C camión

4. ¿Qué es una *estación*?

- A un lugar que da un servicio
- B un alimento que comen los bomberos
- C un incendio en un lugar que vende combustible

SEMANA 8
DÍA 1

PUNTAJE

1. ☺ 😐
2. ☺ 😐
3. ☺ 😐
4. ☺ 😐

___ / 4
Total

NOMBRE: _____ **FECHA:** _____

INSTRUCCIONES Lee el texto. Responde las preguntas.

> Un camión de bomberos hace un gran trabajo. Lleva a los bomberos al incendio. También lleva herramientas, como la manguera y un hacha.

1. ¿Cuál es el trabajo del camión de bomberos?

- A iniciar el incendio
- B llevar bomberos y herramientas al incendio
- C combatir el incendio

2. ¿Qué podrías encontrar en un camión de bomberos?

- A
- B
- C

3. ¿Qué palabra empieza con el mismo sonido que 🌙?

- A los
- B gran
- C hace

4. ¿A cuántas hace referencia la palabra *herramientas*?

- A una
- B ninguna
- C más de una

NOMBRE: _____ **FECHA:** _____

INSTRUCCIONES Lee el texto. Responde las preguntas.

¿Has jugado alguna vez con un camión de bomberos de juguete? Algunos niños tienen camiones de metal o plástico. Otros tienen camiones hechos de madera. ¿Hay un incendio? ¡Juguemos a que sí hay uno!

1. ¿De qué pueden estar hechos los camiones de bomberos de juguete?

- A) metal, plástico o madera
- B) caucho
- C) madera y fuego

2. ¿Qué puedes hacer con un camión de bomberos de juguete?

- A) jugar a que hay un incendio
- B) combatir un incendio real
- C) hacer un camión de bomberos

3. ¿Qué palabra rima con *camión*?

- A) tren
- B) avión
- C) auto

4. ¿Qué oración usa la palabra *jugar* de la misma manera que en el texto?

- A) Las niñas jugaron en el patio.
- B) Te jugaste la salud.
- C) El niño jugó limpio.

NOMBRE: _____ **FECHA:** _____

Perro bombero

Me llaman Mancha. Vivo con los bomberos. No viajo en el camión de bomberos. Me quedo en la estación. Cuido las cosas. Prefiero cuando todos estamos en casa.

NOMBRE: _____ **FECHA:** _____

INSTRUCCIONES Lee "Perro bombero". Responde las preguntas.

1. ¿Por qué crees que el perro se llama Mancha?

- A Tiene manchas negras.
- B Es negro y blanco.
- C Tiene un casco.

2. ¿Dónde vive Mancha?

- A Mancha vive en un camión de bomberos.
- B Mancha vive en una casa.
- C Mancha vive en una estación de bomberos.

3. ¿Qué prefiere Mancha?

- A cuando mira la estación de bomberos
- B cuando todos están en la estación de bomberos
- C cuando cenan

4. ¿Cuál es otro buen título para este texto?

- A Nos vamos de paseo
- B Por qué tienen manchas los perros
- C El perro de la estación de bomberos

SEMANA 8 DÍA 5

NOMBRE: _____ **FECHA:** _____

PUNTAJE ___ / 4

 Vuelve a leer "Perro bombero".

 Piensa en qué hace Mancha en el trabajo todos los días. ¿Qué hará? ¿Qué comerá?

 Escribe sobre el día siguiente de Mancha en el trabajo.

SEMANA 9
DÍA 1

NOMBRE: _____ **FECHA:** _____

INSTRUCCIONES Lee el texto. Responde las preguntas.

> Jonás y Mark van a la ciudad. Primero, caminan hacia el metro subterráneo. Compran boletos. Luego, ellos esperan el metro durante diez minutos.

1. ¿A dónde van Jonás y Mark?

- (A) a la ciudad
- (B) al pueblo
- (C) de paseo

2. ¿Por qué tienen que esperar?

- (A) hasta que llegue el tren del metro
- (B) hasta que llegue un amigo
- (C) para comer una merienda

3. La palabra *subterráneo* tiene el prefijo *sub-*. ¿A qué otra palabra se le puede poner el prefijo *sub-*?

- (A) habitación
- (B) mascota
- (C) marino

4. ¿A qué se refiere *ellos* en este texto?

- (A) el metro
- (B) los boletos
- (C) Jonás y Mark

PUNTAJE

1. 😊 😐
2. 😊 😐
3. 😊 😐
4. 😊 😐

___ / 4
Total

NOMBRE: _____ **FECHA:** _____

INSTRUCCIONES Lee el texto. Responde las preguntas.

> El tren del metro llega justo a tiempo. Jonás y Mark suben al tren. Está lleno de pasajeros. Se sostienen de un poste.

1. ¿Quién viaja en el metro?

- A) el tren
- B) el poste
- C) Mark y Jonás

2. ¿Por qué van parados Jonás y Mark?

- A) No hay asientos.
- B) No les gusta sentarse.
- C) Van tarde.

3. ¿Qué palabra rima con *justo*?

- A) Jonás
- B) susto
- C) coyote

4. ¿Qué significa la palabra *pasajeros*?

- A) personas que caminan
- B) personas que viajan en algo
- C) una persona que viaja en algo

NOMBRE: _____ **FECHA:** _____

INSTRUCCIONES Lee el texto. Responde las preguntas.

> Las calles están muy transitadas. Automóviles y camiones van de prisa. Jonás y Mark caminan mucho para llegar a los lugares. Pasan por muchas tiendas en su camino.

1. ¿Por dónde caminan Jonás y Mark?

- A) en el metro
- B) en la ciudad
- C) en el campo

2. ¿Por qué crees que caminan mucho?

- A) Están buscando el metro.
- B) Van a algún lugar.
- C) Están perdidos y con hambre.

3. ¿Qué imagen rima con *risa*?

- A)
- B)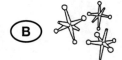
- C)

4. ¿Qué significan las palabras *ir de prisa*?

- A) moverse rápidamente
- B) moverse lentamente
- C) moverse silenciosamente

En el cine

Jonás y Mark caminan desde el metro hasta el cine. Primero, hacen fila para comprar los boletos. Luego, compran palomitas de maíz. Encuentran dos buenos asientos adentro. La película dura dos horas. Jonás y Mark se ríen mucho. Pronto es hora de volver a casa otra vez.

NOMBRE:_____ **FECHA:**_____

INSTRUCCIONES Lee "En el cine". Responde las preguntas.

1. ¿Qué tipo de película crees que era?

- Ⓐ Era sobre una guerra.
- Ⓑ Era sobre algo de terror.
- Ⓒ Era sobre algo gracioso.

2. ¿Dónde se sientan Jonás y Mark?

- Ⓐ en una fila
- Ⓑ junto a las palomitas de maíz
- Ⓒ uno junto al otro

3. ¿Qué harán después Jonás y Mark?

- Ⓐ leer un libro
- Ⓑ volver al metro
- Ⓒ ver otra película

4. ¿Qué oración explica mejor este texto?

- Ⓐ Jonás y Mark van al cine.
- Ⓑ Jonás y Mark van al metro.
- Ⓒ Jonás y Mark van a casa.

PUNTAJE

1. ☺ 😐
2. ☺ 😐
3. ☺ 😐
4. ☺ 😐

___ / 4
Total

SEMANA 9
DÍA 5

PUNTAJE
___/4

NOMBRE: _____ **FECHA:** _____

Vuelve a leer "En el cine".

Piensa en tu película favorita.

Escribe sobre la película y por qué te gusta.

NOMBRE: _____ **FECHA:** _____

INSTRUCCIONES Lee el texto. Responde las preguntas.

> Los zorros tienen dientes afilados. Tienen esa forma para ayudarlos a rasgar y desgarrar. Los pequeños molares los ayudan a masticar huesos.

1. ¿Qué palabra habla de los dientes de los zorros?

- A planos
- B afilados
- C cuadrados

2. ¿Qué hace un zorro con sus molares?

- A masticar huesos
- B masticar árboles
- C masticar pasto

3. ¿Qué palabra **no** tiene el mismo sonido inicial de *pequeños*?

- A forma
- B para
- C película

4. ¿Cuál es lo opuesto de *pequeño*?

- A frontal
- B grande
- C diminuto

SEMANA 10 DÍA 2

NOMBRE: _____ **FECHA:** _____

INSTRUCCIONES Lee el texto. Responde las preguntas.

PUNTAJE

1. 😊 😐

Los dientes de los conejos nunca dejan de crecer. Se desgastan cuando los conejos comen. Algunos dientes crecen torcidos. ¡Deberían sacarse!

2. 😊 😐

3. 😊 😐

4. 😊 😐

___/4
Total

1. Los dientes de conejo **no** son como los tuyos. ¿Cómo son?

Ⓐ No se desgastan al comer.
Ⓑ Siguen creciendo.
Ⓒ Comen zanahorias.

3. La palabra *creciendo* tiene dos partes: *crec* y *–iendo*. ¿Qué palabra tiene dos partes?

Ⓐ comiendo
Ⓑ nunca
Ⓒ cuando

2. ¿Cómo se desgastan los dientes de los conejos?

Ⓐ Siguen creciendo.
Ⓑ Crecen torcidos.
Ⓒ Se desgastan cuando los conejos comen.

4. ¿Qué significa la palabra *torcido*?

Ⓐ duro
Ⓑ recto
Ⓒ doblado

NOMBRE: _____ **FECHA:** _____

INSTRUCCIONES Lee el texto. Responde las preguntas.

> Las vacas no comen carne. No necesitan dientes afilados para rasgar y desgarrar. Ellas comen pasto. La mayoría de los dientes de las vacas son planos para masticar.

1. ¿Por qué las vacas **no** tienen dientes afilados?

- A No necesitan desgarrar carne.
- B Mastican huesos y pasto.
- C Los desgastan al masticar carne.

2. ¿Qué comen las vacas?

- A huesos
- B carne
- C pasto

3. ¿Qué palabra tiene el mismo diptongo que ?

- A son
- B rasgar
- C dientes

4. ¿A qué se refiere *ellas* en este texto?

- A dientes
- B vacas
- C significa

NOMBRE: _____ **FECHA:** _____

Dientes de dinosaurios

Puedes aprender mucho si miras los dientes de los dinosaurios. Algunos dinosaurios tienen dientes con forma de cuchara. El Diplodocus recogía hojas de los árboles. Pero no masticaba las hojas. Sus intestinos hacían todo el trabajo. Algunos dinosaurios tenían dientes puntiagudos. ¡Algunos no tenían ningún diente!

dientes de Diplodocus

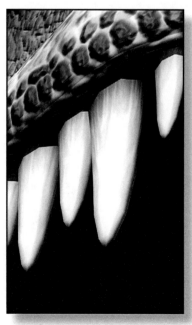

dientes de Tyrannosaurus rex

NOMBRE: _____ **FECHA:** _____

INSTRUCCIONES Lee "Dientes de dinosaurio". Responde las preguntas.

1. ¿Por qué querrías mirar los dientes de dinosaurio?

- Ⓐ para aprender cómo cuidar los dientes
- Ⓑ para aprender sobre el animal
- Ⓒ para aprender sobre alimentos buenos para comer

2. ¿Cuál **no** es la forma de los dientes de un dinosaurio?

- Ⓐ redondos
- Ⓑ puntiagudos
- Ⓒ con forma de cuchara

3. ¿Qué crees que comían los dinosaurios sin dientes?

- Ⓐ comida blanda como la fruta
- Ⓑ carne y otros dinosaurios
- Ⓒ árboles y arbustos

4. ¿Cuál es la idea principal?

- Ⓐ Los dinosaurios comen pasto y hojas.
- Ⓑ Debes cuidarte bien los dientes.
- Ⓒ Puedes aprender sobre los dinosaurios a partir de los dientes.

PUNTAJE

1. ☺ 😐
2. ☺ 😐
3. ☺ 😐
4. ☺ 😐

___ / 4
Total

SEMANA 10
DÍA 5

NOMBRE: _____ **FECHA:** _____

PUNTAJE
___ / 4

Vuelve a leer "Dientes de dinosaurio".

Piensa en cuando vivieron los dinosaurios. ¿Qué te gustaría ver si pudieras visitar el tiempo de los dinosaurios?

Escribe sobre tu visita y lo que comerías.

NOMBRE: _____ **FECHA:** _____

INSTRUCCIONES Lee el texto. Responde las preguntas.

> Jin quiere ganar algo de dinero. Mamá le dice: "Tengo dos trabajos que puedes hacer. Puedes rastrillar las hojas. Luego, puedes remover la tierra del jardín".

1. ¿Quién da un trabajo a Jin?

- Ⓐ las hojas
- Ⓑ mamá
- Ⓒ papá

2. ¿Por qué necesita Jin un trabajo?

- Ⓐ Jin quiere algo de dinero.
- Ⓑ A Jin le gusta trabajar.
- Ⓒ Mamá quiere que Jin trabaje.

3. La palabra *jardín* tiene dos sílabas: *jar-dín*. ¿Qué palabra tiene dos sílabas?

- Ⓐ rastrillo
- Ⓑ dinero
- Ⓒ hojas

4. ¿Cuál es otra palabra para *luego*?

- Ⓐ después
- Ⓑ último
- Ⓒ primero

NOMBRE: _____ **FECHA:** _____

INSTRUCCIONES Lee el texto. Responde las preguntas.

> Jin rastrilla y remueve la tierra del jardín. Quiere trabajar un poco más. Mamá dice: "Ahora puedes sacar la basura".

1. ¿Dónde trabaja Jin?

- A en el jardín
- B en la casa
- C en la escuela

2. ¿Qué trabajos hizo Jin?

- A Rastrillar y cortar el pasto del patio.
- B Rastrillar y barrer las hojas.
- C Rastrillar y remover la tierra del jardín.

3. La palabra *tierra* tiene dos sílabas: *tie-rra*. ¿Qué palabra **no** tiene dos sílabas?

- A (uvas)
- B (pez)
- C (hojas)

4. ¿Qué significa la palabra *basura*?

- A cosas para desechar
- B cosas para arreglar
- C cosas para guardar

NOMBRE: _____ **FECHA:** _____

INSTRUCCIONES Lee el texto. Responde las preguntas.

> Mamá dice a Jin que hay un importante quehacer. Tiene que limpiar su habitación.
>
> "¿Tengo que hacerlo?", pregunta Jin.

1. ¿Dónde tiene un quehacer Jin?

- A en la cocina
- B en el jardín
- C en la habitación

2. ¿Cómo se siente Jin sobre la limpieza?

- A A Jin le gusta la habitación limpia.
- B A Jin no le gustan los quehaceres.
- C A Jin le gusta ayudar a su mamá.

3. ¿Qué palabra rima con ?

- A allí
- B teatro
- C limpiar

4. ¿Qué significa la palabra *quehacer*?

- A sorpresa
- B juego
- C trabajo

Un regalo sorpresa

Jin va a la tienda. Mira sombreros, mitones y bufandas. Compra una larga bufanda roja. Le dice a la vendedora: "¿Lo envuelve por favor?". Jin pronto vuelve a casa. "Mamá. ¿Dónde estás? ¡Tengo una sorpresa para ti!", dice Jin.

NOMBRE: _____ **FECHA:** _____

INSTRUCCIONES Lee "Un regalo sorpresa". Responde las preguntas.

PUNTAJE

1. ¿Por qué pidió Jin que envolvieran la bufanda?

- Ⓐ La bufanda era un regalo.
- Ⓑ La bufanda era roja.
- Ⓒ La bufanda era linda.

2. ¿Quién va a la tienda con Jin?

- Ⓐ Jin va con la vendedora.
- Ⓑ Jin va sola.
- Ⓒ Jin va con su mamá.

3. ¿Qué **no** miró Jin?

- Ⓐ bufandas
- Ⓑ un par de mitones
- Ⓒ un par de medias

4. ¿Por qué crees que Jin compró el regalo?

- Ⓐ Jin no quería trabajar más.
- Ⓑ Su mamá cumplía años.
- Ⓒ Jin cumplía años.

1. ☺ 😐

2. ☺ 😐

3. ☺ 😐

4. ☺ 😐

___ / 4
Total

SEMANA 11 DÍA 5

NOMBRE: _____ **FECHA:** _____

PUNTAJE ___/4

📕 **Vuelve a leer** "Un regalo sorpresa".

 Piensa en una sorpresa que hayas tenido. Tal vez recibiste un regalo. Tal vez hiciste algo divertido.

 Escribe sobre tu sorpresa.

_____
_____
_____
_____
_____
_____
_____
_____
_____
_____
_____
_____

NOMBRE: _____ **FECHA:** _____

INSTRUCCIONES Lee el texto. Responde las preguntas.

> Es difícil evitar resfriarse. No puedes ver los gérmenes del resfrío. Los gérmenes pueden vivir durante días sobre cosas que puedes tocar.

1. ¿Por qué es difícil **no** resfriarse?

- (A) Los gérmenes mueren rápidamente.
- (B) Los gérmenes son fáciles de ver.
- (C) Los gérmenes no se pueden ver.

2. ¿Cómo podrías recibir un germen de resfrío?

- (A) al tocar algo con gérmenes
- (B) al comer algunas comidas
- (C) al tocar algo limpio

3. *Gérmenes* tiene tres sílabas: *gér-me-nes*. ¿Qué imagen muestra una palabra que tiene tres sílabas?

- (A)
- (B)
- (C)

4. ¿Qué significa *resfriarse*?

- (A) enfermarse
- (B) sentir frío
- (C) ponerse un abrigo

NOMBRE: _____ **FECHA:** _____

INSTRUCCIONES Lee el texto. Responde las preguntas.

La mayoría de los resfríos se transmiten a través de los gérmenes que hay en las manos. Lávate las manos con agua y jabón. También, puedes usar toallitas húmedas especiales para manos que matan los gérmenes.

1. ¿Cuál es una buena manera de deshacerse de los gérmenes del resfrío?

Ⓐ poner las manos en los bolsillos
Ⓑ lavar bien las manos
Ⓒ permanecer mucho en casa

2. ¿Cómo recibes la mayoría de los gérmenes del resfrío?

Ⓐ de los gérmenes en tus manos
Ⓑ al recibir humedad y frío
Ⓒ por demasiada agua

3. ¿Qué imagen muestra una palabra que tenga las mismas vocales que *jabón*?

Ⓐ
Ⓑ
Ⓒ

4. ¿Qué significa *toallitas húmedas especiales para manos*?

Ⓐ cosas hechas para limpiar las manos
Ⓑ paños hechos para fregar cosas
Ⓒ cosas hechas para limpiar la cara

SEMANA 12
DÍA 3

NOMBRE: _____ **FECHA:** _____

INSTRUCCIONES Lee el texto. Responde las preguntas.

¿Vas a estornudar? No cubras un estornudo con las manos. Usa un pañuelo de papel y bótalo a la basura. O estornuda en el interior del codo.

1. ¿Por qué **no** debes estornudar en las manos?

- A) Las manos pueden enfermarte más.
- B) Puedes transmitir los gérmenes con las manos.
- C) Puedes detener los gérmenes con las manos.

2. ¿Qué debes hacer si no tienes un pañuelo de papel?

- A) estornudar en una mano
- B) girar la cabeza
- C) estornudar en el interior del codo

3. ¿Cuál es la ortografía correcta de ?

- A) codo
- B) lodo
- C) kodo

4. ¿Dónde debes botar un pañuelo de papel?

- A) en la basura
- B) en el piso
- C) por la puerta

PUNTAJE

1. ☺ ☹
2. ☺ ☹
3. ☺ ☹
4. ☺ ☹

___/4
Total

NOMBRE: _____ **FECHA:** _____

¡Defiéndete!

Tú puedes ayudar al cuerpo a combatir los gérmenes del resfrío. No comas mucha comida chatarra. Come alimentos buenos como las frutas y los vegetales. No bebas bebidas con mucha azúcar. Bebe mucha agua. No mires tanta televisión. Sal y camina.

NOMBRE: _____ **FECHA:** _____

INSTRUCCIONES Lee "¡Defiéndete!" Responde las preguntas.

1. ¿Por qué querrías combatir los gérmenes del resfrío?

- Ⓐ Resfriarse te mantiene ocupado.
- Ⓑ Un resfrío es mejor que la gripe.
- Ⓒ Resfriarse te hace sentir mal.

2. ¿Cuáles serían buenas elecciones de comida para mantenerte sano?

- Ⓐ papas fritas y galletas
- Ⓑ bananas y agua
- Ⓒ papas y ponche de frutas

3. ¿Por qué deberías salir a caminar?

- Ⓐ Te ayuda a mantenerte fuerte.
- Ⓑ Te ayuda a resfriarte.
- Ⓒ Te ayuda a comer más comida.

4. ¿Cuál es la idea principal?

- Ⓐ Debes permanecer en cama si te resfrías.
- Ⓑ Puedes ayudar a combatir un resfrío.
- Ⓒ Debes ir a un médico si te resfrías.

SEMANA 12
DÍA 5

PUNTAje
___/4

NOMBRE: _____ **FECHA:** _____

Vuelve a leer "¡Defiéndete!".

Piensa en todo lo que leíste sobre resfríos.

Escribe sobre cosas que puedes hacer que te ayudarán a combatir un resfrío. Haz una lista.

NOMBRE: _____ **FECHA:** _____

INSTRUCCIONES Lee el texto. Responde las preguntas.

> Kim dice: "Mamá, ¿me ayudas a encontrar mi tortuga? Está perdida. La he buscado en todas partes".

1. ¿Con quién habla Kim?

- A) su tortuga
- B) su papá
- C) su mamá

2. ¿Cuál es el problema de Kim?

- A) Ella necesita alimentar a su tortuga.
- B) Su tortuga se ha ido.
- C) Mamá necesita ayudar a Kim.

3. La palabra *partes* tiene dos partes. ¿Cuáles son esas partes?

- A) *par* and *–tes*
- B) *pa* and *–rtes*
- C) *part* and *–es*

4. ¿Cuál es otra palabra para *buscar*?

- A) anteojos
- B) irse
- C) hallar

SEMANA 13
DÍA 1

PUNTAJE

1. ☺ 😐
2. ☺ 😐
3. ☺ 😐
4. ☺ 😐

___ / 4
Total

NOMBRE: _____ **FECHA:** _____

INSTRUCCIONES Lee el texto. Responde las preguntas.

> —Creo que tu tortuga Topo está escondida —dice Mamá.
>
> —¿Por qué? —pregunta Kim.
>
> —Llega el invierno. Las tortugas de caja duermen mucho en el invierno —dice mamá.

1. ¿Cuál es el nombre de la tortuga?

- A) Kim
- B) Topo
- C) Caja

2. ¿Por qué se esconde la tortuga?

- A) para encontrar un lugar para dormir
- B) para encontrar comida
- C) para encontrar una cama

3. La palabra *escondida* viene de *esconder*. ¿De dónde viene *andando*?

- A) ando
- B) andar
- C) dando

4. ¿Qué es una *tortuga*?

- A) un hermano
- B) un animal
- C) un lugar para esconderse

NOMBRE: _____ **FECHA:** _____

INSTRUCCIONES Lee el texto. Responde las preguntas.

> —¿Por qué quiere dormir Topo? —dice Kim.
>
> —Las tortugas se vuelven lentas en el invierno —dice mamá—. Estas duermen todo el invierno, como los osos. Debemos buscar lugares tranquilos y frescos.

1. ¿Qué animales se vuelven lentos en el invierno?

- A) tortugas
- B) ranas
- C) perros

2. ¿Por qué le gustaría un lugar tranquilo a una tortuga?

- A) para poder comer tranquila
- B) para poder dormir
- C) para poder encontrar agua

3. ¿Qué palabra tiene la vocal abierta *o*?

- A) rata
- B) oso
- C) ave

4. ¿A qué se refiere *estas* en el texto?

- A) tortugas
- B) Kim y su mamá
- C) osos

NOMBRE: _____ **FECHA:** _____

En busca de Topo

Kim y mamá encuentran a Topo en el armario.

—¿Cuándo despertará? —pregunta Kim.

—Topo despertará cuando tenga hambre —dice mamá.

Kim revisa a Topo mientras duerme todo el invierno. Un día, no está en el armario. Topo está justo al lado de su tanque. ¡Está listo para comer!

NOMBRE: _____ **FECHA:** _____

INSTRUCCIONES Lee "En busca de Topo". Responde las preguntas.

1. ¿Por qué Kim controla a Topo?

- (A) Ella quiere ponerlo en su tanque.
- (B) Ella quiere darle agua.
- (C) Ella quiere asegurarse de que esté bien.

2. ¿Cómo crees que se siente Kim cuando encuentra a Topo?

- (A) aliviada
- (B) enojada
- (C) cansada

3. ¿Por qué está Topo en el armario?

- (A) para comer
- (B) para vestirse
- (C) para dormir

4. ¿Qué aprendió Kim?

- (A) que las tortugas pueden dormir durante meses
- (B) que a las tortugas les gusta el invierno
- (C) que a las tortugas les gusta ser mascotas

SEMANA 13
DÍA 5

NOMBRE: _____ **FECHA:** _____

PUNTAJE ___ / 4

Vuelve a leer "En busca de Tork".

 Piensa en todos los lugares donde pueden dormir las tortugas.

 Escribe sobre una tortuga que busca un lugar donde dormir.

NOMBRE: _____ **FECHA:** _____

INSTRUCCIONES Lee el texto. Responde las preguntas.

> Los osos negros comen durante todo el verano. Les encantan las frutas, las bellotas y las raíces. Pueden subir 30 libras en una sola semana. ¡Eso es mucho!

1. ¿Qué oración es verdadera?

- (A) Los osos negros adelgazan en verano.
- (B) Los osos negros comen menos en verano.
- (C) Los osos negros engordan en verano.

2. ¿Qué les gusta comer a los osos negros?

- (A) heno y pasto
- (B) nueces y frutas
- (C) árboles y arbustos

3. La palabra *negro* tiene dos sílabas: *ne-gro*. ¿Qué palabra tiene dos sílabas?

- (A) mejor
- (B) preguntó
- (C) en

4. ¿Cuál es lo opuesto de *encantar*?

- (A) gustar
- (B) disgustar
- (C) amigo

PUNTAJE

1. ☺ ☺
2. ☺ ☺
3. ☺ ☺
4. ☺ ☺

___ / 4
Total

NOMBRE:_____ **FECHA:**_____

INSTRUCCIONES Lee el texto. Responde las preguntas.

Los osos negros hacen oseras en el otoño. Pueden encontrar una cueva o un hueco en un árbol. Juntan hojas y ramitas para un nido.

1. ¿Qué hacen los osos negros en el otoño?

A buscar un lugar para comer

B buscar un lugar para una osera

C buscar un lugar para alimentos

2. ¿Qué usan los osos para hacer una osera?

A hojas y ramitas

B plumas

C rocas y árboles

3. ¿Qué palabra rima con *hueco*?

A
B
C

4. ¿Qué significa la palabra *osera*?

A un lugar para comer

B un lugar para lavar

C un lugar para dormir

NOMBRE: _____ **FECHA:** _____

INSTRUCCIONES Lee el texto. Responde las preguntas.

> El oso negro entra a la osera cuando comienza el invierno. Se enrolla como un balón. La cabeza y las garras se mantienen abrigadas mientras duerme.

1. ¿Qué hace el oso cuando termina el otoño?

- Ⓐ se enrolla en la osera
- Ⓑ se alimenta en la osera
- Ⓒ hace un nido cálido

3. ¿Qué palabra rima con *balón*?

- Ⓐ
- Ⓑ
- Ⓒ

2. ¿Por qué se enrolla el oso?

- Ⓐ como ayuda para mantenerse abrigado
- Ⓑ como ayuda para mantenerse tranquilo
- Ⓒ como ayuda para comer

4. ¿Qué otros animales tienen garras?

- Ⓐ caballos
- Ⓑ vacas
- Ⓒ perros

Una siesta muy larga

Tú puedes dormir durante diez horas. ¡El oso negro puede dormir durante 100 días! Su cuerpo se desacelera mientras hiberna. Vive de toda la grasa que tiene en el cuerpo. Los osos se despiertan en la primavera. Están mucho más delgados. ¡Es hora de un gran desayuno!

NOMBRE: _____ **FECHA:** _____

INSTRUCCIONES Lee "Una siesta muy larga". Responde las preguntas.

1. ¿Por qué un oso es más delgado en la primavera?

- Ⓐ Ha usado toda la grasa del cuerpo.
- Ⓑ Ha estado corriendo mucho.
- Ⓒ Ha comido frutas y raíces.

2. ¿Qué hacen los osos cuando hibernan?

- Ⓐ comer
- Ⓑ dormir
- Ⓒ hablar

3. ¿En qué se parecen tú y un oso negro?

- Ⓐ Ambos tenemos garras.
- Ⓑ Ambos dormimos en un nido.
- Ⓒ Ambos comemos y dormimos.

4. ¿Cuál es otro buen título para este texto?

- Ⓐ Oso hambriento
- Ⓑ Dormido en el invierno
- Ⓒ Despierta

PUNTAJE

1. ☺ ☹
2. ☺ ☹
3. ☺ ☹
4. ☺ ☹

___ / 4
Total

SEMANA 14
DÍA 5

PUNTAJE
___/4

NOMBRE: _____ **FECHA:** _____

 Vuelve a leer "Una siesta muy larga".

 Piensa en cómo los osos pasan el invierno durmiendo.

 Escribe sobre lo que crees que el oso siente al despertar en la primavera.

NOMBRE: _____ **FECHA:** _____

INSTRUCCIONES Lee el texto. Responde las preguntas.

> Juan y María miran por la ventana y ven todo blanco.
>
> —¡Hoy no hay escuela! —dice mamá.
>
> —¡Construyamos un muñeco de nieve! —dice Juan.
>
> —Yo busco una zanahoria —dice María—. ¡Démonos prisa!

1. ¿Por qué no hay escuela?

- Ⓐ Es domingo.
- Ⓑ Es el verano.
- Ⓒ Nevó mucho.

2. ¿Por qué dice María que ella busca una zanahoria?

- Ⓐ para comerla como merienda
- Ⓑ para hacer la nariz del muñeco de nieve
- Ⓒ para Juan

3. La palabra *muñeco* tiene tres sílabas. ¿Qué imagen muestra una palabra que **no** tiene tres sílabas?

- Ⓐ
- Ⓑ
- Ⓒ

4. ¿Qué significa la palabra *blanco*?

- Ⓐ un alimento
- Ⓑ un color
- Ⓒ un juguete

PUNTAJE

1. 😊 😐
2. 😊 😐
3. 😊 😐
4. 😊 😐

___ / 4
Total

NOMBRE: _____ **FECHA:** _____

INSTRUCCIONES Lee el texto. Responde las preguntas.

> Juan y María primero forman una gran bola de nieve. Será la base. Juan luego forma la bola del medio. María hace la cabeza al final.

1. ¿Quién forma la última bola de nieve?

- A) Juan
- B) María
- C) mamá

2. ¿Qué bola es la base?

- A) la bola de nieve más grande
- B) la bola de nieve del medio
- C) la bola de nieve más pequeña

3. ¿Cuál es la ortografía correcta de ?

- A) caveza
- B) cabeza
- C) cabesa

4. ¿Cuál es lo opuesto de *final*?

- A) último
- B) luego
- C) principio

NOMBRE: _____ **FECHA:** _____

INSTRUCCIONES Lee el texto. Responde las preguntas.

> El muñeco de nieve se hace grande. Mamá ayuda a poner la cabeza. Juan consigue dos ramas para los brazos. "Ya está casi listo", dice María.

1. ¿Quién consigue las ramas?

- Ⓐ mamá
- Ⓑ Juan
- Ⓒ María

2. ¿Para qué son las ramas?

- Ⓐ los brazos
- Ⓑ los pies
- Ⓒ la sonrisa

3. ¿Qué palabra rima con ☀?

- Ⓐ brazos
- Ⓑ gol
- Ⓒ poner

4. ¿Qué significa *casi listo*?

- Ⓐ Queda un poco más para hacer.
- Ⓑ Queda mucho más para hacer.
- Ⓒ Ya no queda nada más para hacer.

SEMANA 15 — DÍA 3

PUNTAJE

1. ☺ 😐
2. ☺ 😐
3. ☺ 😐
4. ☺ 😐

___/4 Total

Falta algo

Juan pone al muñeco de nieve rocas como ojos y una sonrisa. María le envuelve una bufanda alrededor del cuello. Ella agrega una zanahoria para la nariz. Mamá agrega un sombrero y una escoba.

—Falta algo —dice mamá.

—¿Qué? —preguntan Juan y María.

—¡Una muñeca de nieve! —dice mamá.

—Tienes razón —dice Juan.

—¡Manos a la obra! —dice María.

NOMBRE: _____ **FECHA:** _____

INSTRUCCIONES Lee "Falta algo". Responde las preguntas.

1. ¿Cuál usaría una muñeca de nieve?

Ⓐ

Ⓑ

Ⓒ

2. ¿Qué se usa para hacer la cara de un muñeca de nieve?

Ⓐ botones y una ramita

Ⓑ una bufanda y un sombrero

Ⓒ rocas y una zanahoria

3. ¿Por qué dice mamá que falta algo?

Ⓐ Cree que ellos deben tomar un descanso.

Ⓑ Cree que ellos deben hacer una muñeca de nieve.

Ⓒ Cree que ellos deben abrigarse.

4. ¿Qué oración explica mejor este texto?

Ⓐ Es divertido construir muñecas de nieve.

Ⓑ A la familia se le olvidó construir un muñeco de nieve.

Ⓒ Toma mucho trabajo construir muñecas de nieve.

SEMANA 15
DÍA 4

PUNTAJE

1. 😊 😐
2. 😊 😐
3. 😊 😐
4. 😊 😐

___ / 4
Total

SEMANA 15
DÍA 5

NOMBRE: _____ **FECHA:** _____

PUNTAJE
__/4

 Vuelve a leer "Falta algo".

 Piensa en construir un muñeco de nieve. Puedes usar casi cualquier cosa para decorarlo.

 Escribe sobre lo que vestiría una muñeca de nieve.

NOMBRE: _____ **FECHA:** _____

INSTRUCCIONES Lee el texto. Responde las preguntas.

> Una tormenta de nieve puede ser divertida. Puedes hacer una pelea de bolas de nieve. Puedes hacer un muñeco de nieve. ¡Pero una ventisca no es divertida!

1. ¿Qué puedes hacer después de que nieva?

- A tener una ventisca
- B jugar en la nieve
- C permanecer adentro

2. ¿Qué **no** es divertido?

- A una pelea de bolas de nieve
- B hacer un muñeco de nieve
- C una ventisca

3. ¿Qué palabra rima con *nieve*?

- A llueve
- B hacer
- C botón

4. ¿Qué es una *pelea de bolas de nieve*?

- A cuando se lanzan bolas de nieve entre sí
- B cuando haces bloques de nieve
- C cuando haces un muñeco de nieve

NOMBRE: _____ **FECHA:** _____

INSTRUCCIONES Lee el texto. Responde las preguntas.

> Una tormenta de nieve posiblemente no sea una ventisca. El viento debe ser tan fuerte que sea difícil ver. También hace mucho frío afuera. Esa es una ventisca.

1. ¿Qué oración es verdadera?

- A) Todas las tormentas tienen nieve fría.
- B) Todas las tormentas de nieve son ventiscas.
- C) Una ventisca debe tener un viento fuerte.

2. ¿Por qué es difícil ver en una ventisca?

- A) Hay un viento fuerte que sopla la nieve.
- B) Hay mucha lluvia y granizo.
- C) Está oscuro cuando cae la nieve.

3. ¿Qué palabra tiene el mismo diptongo que *fuerte*?

- A) afuera
- B) tiempo
- C) ventisca

4. ¿Cuál de estos también es *muy frío*?

- A) un congelador
- B) una habitación
- C) una silla

NOMBRE: _____ **FECHA:** _____

INSTRUCCIONES Lee el texto. Responde las preguntas.

> Algunas ventiscas duran mucho tiempo. La nieve se apila por el viento. ¡Los ventisqueros hasta pueden cubrir un automóvil! Permanece adentro, donde sea seguro.

1. ¿De qué se trata este texto?

- A) lo que sucede en una ventisca
- B) permanecer adentro, donde sea seguro
- C) el viento que sopla fuerte

2. ¿Por qué debes permanecer adentro?

- A) Puede ser inseguro afuera durante una ventisca.
- B) No quieres faltar a la escuela.
- C) Puedes usar ropa abrigada afuera.

3. La palabra *adentro* se compone de dos palabras: *a* y *dentro*. ¿Qué palabra está compuesta por dos palabras?

- A) mono
- B) ventiscas
- C) automóvil

4. ¿Cuál es otra palabra para *apilar*?

- A) hacer
- B) amontonar
- C) jugar

NOMBRE: _____ **FECHA:** _____

Prepárate y permanece seguro

¿Vives en un área con ventiscas? Prepárate para el invierno. Mantén refrigerios, agua y mantas en el automóvil. Intenta permanecer en la casa durante una ventisca. Si debes salir, cúbrete. El viento frío puede lastimarte la piel. Si sientes mucho frío, puede darte sueño. Sigue moviéndote. Intenta encontrar un lugar seguro y cálido.

NOMBRE: _____ **FECHA:** _____

INSTRUCCIONES Lee "Prepárate y permanece seguro". Responde las preguntas.

1. ¿Por qué debes cubrirte si sales durante una ventisca?

- (A) para mantenerte despierto mientras caminas
- (B) para mantenerte descansado y divertirte
- (C) para mantenerte abrigado y seguro

2. ¿Cómo puedes prepararte para una ventisca?

- (A) tener comida y agua adicional en el automóvil
- (B) hacer caminatas largas en la nieve
- (C) comer un gran almuerzo y tomar una siesta

3. Generalmente, ¿cuándo ocurren las ventiscas?

- (A) en el verano
- (B) en el invierno
- (C) todo el año

4. ¿Cuál es la idea principal?

- (A) saber qué tipo de día será
- (B) saber qué hay que tener en el automóvil
- (C) saber cómo permanecer seguro durante una ventisca

NOMBRE: _____ **FECHA:** _____

 Vuelve a leer "Prepárate y permanece seguro".

 Piensa en las veces que has estado en una tormenta. Podría ser una ventisca o una lluvia torrencial. Podría ser una tormenta de arena. Podría ser un tornado. ¿Qué hiciste para mantenerte seguro?

Escribe sobre las formas de permanecer seguro durante una tormenta.

NOMBRE: _____ **FECHA:** _____

INSTRUCCIONES Lee el texto. Responde las preguntas.

> La Sra. Parker habla con su clase. "¡Vamos a hacer una exposición de arte! Tenemos tres semanas para prepararnos", dice.

1. ¿Quién es la Sra. Parker?

- Ⓐ una maestra de música
- Ⓑ una maestra de arte
- Ⓒ una enfermera

2. ¿Para qué necesita prepararse la clase?

- Ⓐ hacer arte
- Ⓑ la clase
- Ⓒ la exposición

3. ¿Qué palabra termina con el mismo sonido que ?

- Ⓐ nuevo
- Ⓑ arte
- Ⓒ para

4. ¿Qué significa *prepararse*?

- Ⓐ organizar la exposición
- Ⓑ terminar la exposición
- Ⓒ limpiar después de la exposición

NOMBRE: _____ **FECHA:** _____

INSTRUCCIONES Lee el texto. Responde las preguntas.

> "Clase, decidan qué hacer para la exposición de arte. Pueden usar arcilla, papel o pintura. También pueden pensar en algo nuevo", dice la Sra. Parker.

1. ¿Quién habla?

- A) un padre
- B) la maestra
- C) los niños

2. ¿Qué pueden hacer los niños?

- A) hacer algo con arcilla, pintura o papel
- B) hacer música para una canción nueva
- C) leer un libro sobre cómo hacer arte

3. ¿Qué palabra tiene los mismos sonidos vocálicos que *papel*?

- A) algo
- B) pintura
- C) hacer

4. ¿Qué es *pintura*?

- A) un juguete
- B) un elemento para arte
- C) un alimento

NOMBRE: _____ **FECHA:** _____

INSTRUCCIONES Lee el texto. Responde las preguntas.

Jen, Ted y Chris deciden trabajar en equipo. Cada uno de ellos hace algunos peces de arcilla. Dejan que estos se sequen. Luego, los pintan.

1. ¿Quiénes forman un equipo?

- Ⓐ Jen, Ted y Chris
- Ⓑ los peces de arcilla
- Ⓒ la pintura

2. ¿Qué hacen al final?

- Ⓐ colorear
- Ⓑ pintar
- Ⓒ dibujar

3. ¿Qué palabra termina con el mismo sonido que ?

- Ⓐ peces
- Ⓑ seca
- Ⓒ Jen

4. ¿A qué se refiere *estos* en este texto?

- Ⓐ Jen y Chris
- Ⓑ el equipo
- Ⓒ los peces de arcilla

Los mejores peces

El día de la exposición de arte llega. Chris, Jen y Ted pusieron sus peces de arcilla en una pecera. Chris y Jen agregan rocas y caracolas. Ted pone una planta pequeña. Parece como si los peces estuvieran en el mar. Todas las obras de arte lucen maravillosas. Todos los niños reciben una cinta. Pero Chris, Jen y Ted creen que la cinta de ellos es la mejor.

NOMBRE: _____ **FECHA:** _____

INSTRUCCIONES Lee "Los mejores peces". Responde las preguntas.

PUNTAJE

1. Chris, Jen y Ted creen que su cinta es mejor. ¿Por qué?

Ⓐ Están orgullosos de su obra.
Ⓑ Quieren una cinta nueva.
Ⓒ Quieren compartir una cinta.

2. ¿Dónde es la exposición de arte?

Ⓐ en una casa
Ⓑ en un salón de clases
Ⓒ en un parque

3. ¿Por qué agregan más cosas a la pecera?

Ⓐ para que luzca como el mar
Ⓑ para que luzca más divertido
Ⓒ para que tenga más color

4. ¿Qué crees que aprendieron?

Ⓐ Les gusta más pintar.
Ⓑ Les gusta trabajar en equipo.
Ⓒ Les gusta tener una pecera.

1. ☺ 😐

2. ☺ 😐

3. ☺ 😐

4. ☺ 😐

___ / 4
Total

SEMANA 17
DÍA 5

NOMBRE: _____ **FECHA:** _____

PUNTAJE
___ / 4

Vuelve a leer "Los mejores peces".

Piensa en lo que harías para una exposición de arte. Piensa en lo que harías primero, segundo y último.

Escribe sobre tu obra.

NOMBRE: _____ **FECHA:** _____

INSTRUCCIONES Lee el texto. Responde las preguntas.

Un día de invierno, Sherman Poppen vio que su hija iba parada en el trineo. Ella iba en este colina abajo. A él le pareció muy divertido.

1. ¿Qué vio Sherman Poppen?

Ⓐ que su hija iba recostada en el trineo

Ⓑ que su hija iba sentada en el trineo

Ⓒ que su hija iba parada en el trineo

2. ¿Qué pensó Sherman Poppen sobre su hija en el trineo?

Ⓐ que ella podía caerse

Ⓑ que debía ser divertido

Ⓒ que ella debía sentarse

3. *Trineo* tiene tres sílabas: *tri-ne-o*. ¿Qué palabra **no** tiene tres sílabas?

Ⓐ

Ⓑ

Ⓒ

4. ¿Qué es *invierno*?

Ⓐ un color

Ⓑ una estación del año

Ⓒ un alimento

NOMBRE: _____ **FECHA:** _____

INSTRUCCIONES Lee el texto. Responde las preguntas.

> El Sr. Poppen tuvo una idea. Tomó un par de esquís. Los ató juntos. Los esquís formaron una tabla. Su hija se paró y anduvo sobre esta colina abajo.

1. ¿Qué usó el Sr. Poppen para su idea?

- A) un trineo
- B) su taller
- C) dos esquís

2. ¿Qué hizo?

- A) algo para sentarse
- B) algo para pararse
- C) algo para recostarse

3. La palabra *colina* tiene tres sílabas: *co-li-na*. ¿Qué palabra también tiene tres sílabas?

- A) algo
- B) trineo
- C) cumpleaños

4. ¿Qué significa la palabra *idea*?

- A) pensamiento
- B) conversación
- C) truco

NOMBRE: _____ **FECHA:** _____

INSTRUCCIONES Lee el texto. Responde las preguntas.

> El Sr. Poppen agregó una cuerda al frente de los esquís. Ahora se podían controlar. Eran todavía más divertidos para andar. ¡Ahora todos los niños querían unos!

1. ¿Cómo mejoró el Sr. Poppen los esquís?

- (A) Agregó una cuerda al frente.
- (B) Agregó una cuerda atrás.
- (C) Agregó un manubrio.

2. ¿Por qué querían unos todos los niños?

- (A) Había nieve afuera.
- (B) Parecían divertidos para andar.
- (C) A su hija le gustaba compartir.

3. ¿Qué palabra rima con *podían*?

- (A) querían
- (B) esquís
- (C) tiraba

4. ¿Qué significa *agregar*?

- (A) usar
- (B) hacer
- (C) poner más

El nierfista

Sherman Poppen había hecho un gran juguete. Necesitaba un nombre. Su esposa lo llamó *nierfista*. Pronto, una compañía de juguetes comenzó a fabricarlos. Muchos niños lo usaron durante algunos años. Más adelante, las personas pensaron en formas de mejorarlos. Es posible que hayas usado lo que llegó después: ¡el *snowboard*!

NOMBRE:_____ **FECHA:**_____

INSTRUCCIONES Lee "El nierfista". Responde las preguntas.

PUNTAJE

1. ¿De qué palabras crees que viene la palabra *nierfista*?

- (A) nieve y surfista
- (B) trineo y esquís
- (C) trineo y surf

2. ¿Cómo crees que una persona maneja un *nierfista*?

- (A) con un volante
- (B) con una cuerda
- (C) con los pies del pasajero

3. ¿Por qué hicieron cambios al *nierfista* las personas?

- (A) para que pudiera funcionar aún mejor
- (B) para que pudiera ser todavía más pequeño
- (C) para poder pintarlo

4. ¿Cuál es la idea principal?

- (A) El *snowboard* comenzó como un juguete llamado *nierfista*.
- (B) El Sr. Poppen nombró a un juguete *nierfista*.
- (C) Una compañía de juguetes fabricó *nierfistas*.

1. ☺ 😐

2. ☺ 😐

3. ☺ 😐

4. ☺ 😐

___ / 4
Total

SEMANA 18
DÍA 5

NOMBRE: _____ **FECHA:** _____

PUNTAJE
___ / 4

 Vuelve a leer "El nierfista".

 Piensa en los tipos de cosas que te gusta hacer afuera. Tal vez usas una patineta. Tal vez te gusta andar con el saltador. ¿Qué podrías hacer para mejorar algo con lo que juegas?

 Escribe sobre lo que te gustaría hacer.

SEMANA 19
DÍA 1

NOMBRE: _____ **FECHA:** _____

INSTRUCCIONES Lee el texto. Responde las preguntas.

> Zoe y Arturo se preparan para un viaje. Empacan suéteres y pantalones abrigados. Se ponen abrigos, gorros, bufandas y guantes.

PUNTAJE

1. 😊 😐
2. 😊 😐
3. 😊 😐
4. 😊 😐

___ / 4
Total

1. ¿Quiénes se preparan para un viaje?

- Ⓐ suéteres y pantalones
- Ⓑ Zoe y Arturo
- Ⓒ abrigos y gorros

3. ¿Qué palabra está escrita sin errores de ortografía?

- Ⓐ perpraran
- Ⓑ preparran
- Ⓒ preparan

2. ¿Qué oración es verdadera?

- Ⓐ Van a un lugar frío.
- Ⓑ Van a un lugar caluroso.
- Ⓒ Van a la playa.

4. ¿*Bufandas* significa más de una qué?

- Ⓐ bufón
- Ⓑ bufé
- Ⓒ bufanda

NOMBRE: _____ **FECHA:** _____

INSTRUCCIONES Lee el texto. Responde las preguntas.

> Zoe y Arturo se han preparado para un largo viaje en automóvil. Nieva mucho en las montañas. Papá se detiene para buscar chocolate caliente.

1. ¿Hacia dónde viajan?

- A. a la ciudad
- B. a las montañas
- C. al bosque

2. ¿Por qué crees que van a tener un largo viaje?

- A. Recorren una distancia larga.
- B. Van a dormir en el automóvil.
- C. Van a casa pronto.

3. ¿Qué palabra rima con *buscar*?

- A. viaje
- B. chocolate
- C. preparar

4. ¿Qué significa *mucho* en este texto?

- A. firme
- B. bastante
- C. suave

NOMBRE: _____ **FECHA:** _____

INSTRUCCIONES Lee el texto. Responde las preguntas.

> La familia llega al hotel mucho tiempo después de que oscurece. La mañana siguiente, Zoe y Arturo se ponen la ropa para esquiar. "Es hora de ir a la escuela", dice Zoe.

1. ¿Cuándo llega la familia al hotel?

- Ⓐ tarde en la noche
- Ⓑ antes de la cena
- Ⓒ la mañana siguiente

2. Zoe dice que es hora de ir a la escuela. ¿Qué quiere decir?

- Ⓐ Van a hacer las tareas.
- Ⓑ Van a aprender cómo esquiar.
- Ⓒ Van a aprender cómo patinar sobre hielo.

3. La palabra *hotel* tiene la *h* muda. ¿Qué palabra también tiene la *h* muda?

- Ⓐ oscuro
- Ⓑ hora
- Ⓒ escuela

4. ¿Cuál es lo opuesto de *oscuro*?

- Ⓐ atrás
- Ⓑ sombrío
- Ⓒ claro

PUNTAJE

1. ☺ ☹
2. ☺ ☹
3. ☺ ☹
4. ☺ ☹

___ / 4 Total

NOMBRE: _____ **FECHA:** _____

Escuela para esquiar

Zoe y Arturo toman clases para esquiar el primer día. Primero, aprenden cómo levantarse después de una caída. Se caen mucho. Pero incluso así es divertido. Esa tarde, suben a la telesilla hasta arriba de una pequeña colina. Pronto pueden bajar a gran velocidad por la colina sin caer. ¡Son esquiadores!

NOMBRE: _____ **FECHA:** _____

INSTRUCCIONES Lee "Escuela para esquiar". Responde las preguntas.

1. ¿Qué crees que quieren hacer al día siguiente?

- (A) dejar de esquiar
- (B) volver a casa
- (C) volver a esquiar

2. ¿Qué es una *telesilla*?

- (A) una silla que lleva a los esquiadores arriba de una colina
- (B) un ascensor que ayuda a subir los esquís
- (C) un par de esquís y bastones

3. ¿Qué otras cosas pueden hacer en este viaje?

- (A) aprender a usar una patineta
- (B) aprender a hacer esquí acuático
- (C) aprender a usar una tabla de snowboard

4. ¿Cuál es otro buen título para este texto?

- (A) Cómo aprender a esquiar
- (B) Cómo aprender sobre la montaña
- (C) Cómo aprender a jugar

SEMANA 19
DÍA 5

NOMBRE: _____ **FECHA:** _____

PUNTAJE ___ / 4

Vuelve a leer "Escuela para esquiar".

Piensa en cómo sería tu mejor viaje de invierno. ¿Te gustaría aprender a patinar sobre hielo? ¿Te gustaría aprender a usar zapatos para la nieve?

Escribe sobre lo que te gustaría hacer y por qué.

NOMBRE: _____ **FECHA:** _____

INSTRUCCIONES Lee el texto. Responde las preguntas.

> George Crum vivió en el siglo XIX. Fue un buen cocinero. Con frecuencia preparaba un plato de papas. Las rebanaba y las fritaba.

1. ¿Qué hacía el Sr. Crum?

- A) cocinar papas
- B) cultivar papas
- C) vender papas

2. ¿Qué es algo que el Sr. Crum **no** hizo a las papas?

- A) rebanarlas
- B) hornearlas
- C) fritarlas

3. La palabra *un* tiene una sílaba cerrada. ¿Qué palabra también tiene una sílaba cerrada?

- A) de
- B) plato
- C) el

4. ¿Qué hace un *cocinero*?

- A) limpiar
- B) cocinar comida
- C) servir comida

PUNTAJE

1. ☺ ☹
2. ☺ ☹
3. ☺ ☹
4. ☺ ☹

___ / 4
Total

SEMANA 20 DÍA 2

NOMBRE: _____ **FECHA:** _____

INSTRUCCIONES Lee el texto. Responde las preguntas.

> Un comensal pidió las papas fritas. El Sr. Crum las preparó para él. Pero al hombre no le gustaron. Dijo que las rebanadas de papa eran demasiado gruesas.

1. ¿Qué quería comer el hombre?

- A ensalada de papas
- B papas fritas
- C una papa horneada

2. Al hombre no le gustaron las papas. ¿Por qué?

- A Quería que las papas fueran finas.
- B No tenía tanta hambre.
- C No las quería fritas.

3. ¿Qué palabra termina con el mismo sonido que 🛏?

- A gruesas
- B hombre
- C papa

4. ¿Qué significa la palabra *gruesa*?

- A ancha
- B angosta
- C tamaño justo

NOMBRE: _____ **FECHA:** _____

INSTRUCCIONES Lee el texto. Responde las preguntas.

> El Sr. Crum pensó en enseñarle una lección al hombre. Entonces rebanó las papas bien finas. Las fritó hasta que estuvieron bien crujientes.

1. ¿Cómo enseñó el Sr. Crum la lección al hombre?

- Ⓐ Hizo las papas de una manera muy diferente.
- Ⓑ Hizo las papas de la misma manera.
- Ⓒ No hizo ninguna papa.

2. ¿Qué hizo el Sr. Crum a las papas?

- Ⓐ Las preparó frías y duras.
- Ⓑ Las preparó finas y crujientes.
- Ⓒ Las preparó gruesas y crujientes.

3. La raíz de *frita* es *frit*. ¿Cuál es la raíz de *lloró*?

- Ⓐ llorón
- Ⓑ llor
- Ⓒ llora

4. ¿Cuál es lo opuesto de *crujiente*?

- Ⓐ crocante y caliente
- Ⓑ duro y seco
- Ⓒ suave y blando

Una canasta de papas fritas crujientes

George Crum tuvo una gran sorpresa. Al comensal le gustaron las "papas fritas crujientes". Pidió más. Luego, otros comensales las pidieron. Unos años después, el Sr. Crum tenía su propio restaurante. Todos los comensales recibían papas fritas crujientes en una canasta. Es posible que también hayas comido estas papas fritas. ¡Las conoces como papitas!

NOMBRE: _____ **FECHA:** _____

INSTRUCCIONES Lee "Una canasta de papas fritas". Responde las preguntas.

1. ¿Por qué crees que las papas se llamaron *papas fritas crujientes* al comienzo?

(A) Eran duras y gruesas.
(B) Eran suaves y finas.
(C) Eran finas y crocantes.

2. ¿Cómo sirvió las papas fritas el Sr. Crum?

(A) en un plato
(B) en una canasta
(C) en una bolsa

3. ¿Por qué se sorprendió el Sr. Crum?

(A) A él no le gustaban las papas fritas.
(B) No creía que al comensal le gustarían las papas fritas.
(C) No quería preparar las papas fritas.

4. ¿Cuál es otro buen título para este texto?

(A) Comienzos de las patatas fritas
(B) Un restaurante sorpresa
(C) La vida de un cocinero

PUNTAJE

1. 😊 😐
2. 😊 😐
3. 😊 😐
4. 😊 😐

___ / 4
Total

SEMANA 20
DÍA 5

NOMBRE: _____ **FECHA:** _____

PUNTAJE ___ / 4

 Vuelve a leer "Una canasta de papas fritas".

 Piensa en lo que el Sr. Crum puso en las mesas. ¿Qué te gusta comer en un restaurante? ¿Qué pondrías en las mesas? ¿Palomitas de maíz? ¿Patatas fritas? ¿Cacahuates? ¿Algo más?

 Escribe sobre lo que servirías en un restaurante y por qué.

NOMBRE: _____ **FECHA:** _____

INSTRUCCIONES Lee el texto. Responde las preguntas.

> A Matt y a Sue les gusta jugar a las canicas. Primero, ponen las canicas dentro del anillo. Luego, se turnan para golpear las canicas hacia fuera.

1. ¿Quién está jugando?

- A) Matt y Sue
- B) canicas
- C) el anillo

2. ¿Qué intentan hacer en el juego?

- A) Intentan mantener las canicas dentro del anillo.
- B) Intentan golpear las canicas fuera del anillo.
- C) Intentan hacer un anillo más grande de canicas.

3. La palabra *jugar* tiene dos sílabas: *ju-gar*. ¿Qué palabra también tiene dos sílabas?

- A) anillo
- B) dentro
- C) canicas

4. ¿Qué significa *anillo* en este texto?

- A) un círculo
- B) joya
- C) grupo

NOMBRE: _____ **FECHA:** _____

INSTRUCCIONES Lee el texto. Responde las preguntas.

> A Pete y a Jenna les gustan las matatenas. Diez matatenas se ponen sobre el piso. Pete lanza la bola hacia arriba. Solo puede rebotar una vez. Pete recoge una matatena y atrapa la bola.

1. ¿Quién juega a las matatenas primero?

- Ⓐ Jenna
- Ⓑ Pete
- Ⓒ una pelota y 10 matatenas

2. ¿Qué crees que sucede si la pelota rebota dos veces?

- Ⓐ Pete detiene el juego.
- Ⓑ Pete intenta recoger dos matatenas.
- Ⓒ Pete pierde el turno.

3. ¿Qué palabra rima con *piso*?

- Ⓐ liso
- Ⓑ harina
- Ⓒ solo

4. ¿Cuál es lo opuesto de *arriba*?

- Ⓐ afuera
- Ⓑ en
- Ⓒ abajo

NOMBRE: _____ **FECHA:** _____

INSTRUCCIONES Lee el texto. Responde las preguntas.

> A todos los niños les gusta jugar a "pisa la sombra". Un niño "la lleva". Pero no se tocan entre sí. En cambio, quien "la lleva" trata de pisar la sombra de otro. Ese otro niño ahora queda afuera.

1. ¿Qué tipo de clima se necesita para jugar a pisa la sombra?

- (A) clima nublado
- (B) clima soleado
- (C) clima lluvioso

3. ¿Qué palabra tiene los mismos sonidos vocálicos que *trata*?

- (A)
- (B)
- (C)

2. ¿Qué trata de hacer quien "la lleva"?

- (A) correr más rápido
- (B) pisar una sombra
- (C) mantenerse alejado de una sombra

4. ¿Qué significa la palabra *afuera* en este texto?

- (A) fuera de la casa
- (B) fuera del patio
- (C) fuera del juego

Juego la lleva en la oscuridad

A papá le gusta jugar a la lleva con linternas cuando está oscuro. Siempre "la lleva" él primero. Papá usa un árbol como la base. Cuenta hasta diez mientras los niños se esconden. Luego, papá enciende la linterna. Empieza a buscar a los niños. Intentan volver a la base. Pronto, papá grita: "¡Pete!". Pete queda atrapado en la luz.

NOMBRE: _____ **FECHA:** _____

INSTRUCCIONES Lee "Juego la lleva en la oscuridad". Responde las preguntas.

1. ¿Por qué papá cuenta hasta diez?

- (A) para dar tiempo a los niños hasta que se escondan
- (B) para dar tiempo a los niños a que busquen linternas
- (C) para dar tiempo a los niños a que corran hasta la base

2. ¿Por qué juegan a la lleva con linternas en la oscuridad?

- (A) para que puedan jugar con linternas
- (B) para que puedan encontrar su camino a la base
- (C) para que papá pueda atraparlos

3. ¿Qué crees que ocurrirá después?

- (A) Pete queda afuera del juego y va a casa.
- (B) Pete "la lleva".
- (C) Papá elige a Jenna y ella "la lleva".

4. ¿Cuál es el objetivo del juego?

- (A) volver a la base seguros
- (B) aprender a usar una linterna
- (C) ser atrapados por papá

SEMANA 21
DÍA 5

NOMBRE: _____ **FECHA:** _____

PUNTAJE
___ / 4

Vuelve a leer "Juego la lleva en la oscuridad".

Piensa en jugar juegos. ¿Cuál prefieres?

Escribe sobre un buen momento que pasaste jugando un juego con amigos.

NOMBRE: _____ **FECHA:** _____

INSTRUCCIONES Lee el texto. Responde las preguntas.

> Algunos juguetes no cambian mucho. Los niños han jugado con osos de juguete por más de 100 años. Los primeros osos se llamaron *ositos de peluche*.

1. ¿Cuál es verdadera?

- A) Los osos de juguete son un tipo nuevo de juguete.
- B) Los niños han jugado con osos de juguete durante un largo tiempo.
- C) Los niños no juegan mucho con osos de juguete.

2. ¿Cómo se llamaban los primeros osos?

- A) osos de juguete
- B) osos bebé
- C) ositos de peluche

3. ¿Qué palabra comienza con el mismo sonido que *jugado*?

- A) juguete
- B) llamar
- C) peluche

4. ¿Cuál **no** es un juguete?

- A) oso de peluche
- B) taza
- C) pelota

SEMANA 22
DÍA 2

NOMBRE: _____ **FECHA:** _____

INSTRUCCIONES Lee el texto. Responde las preguntas.

PUNTAJE

1. 😊 😐

2. 😊 😐

3. 😊 😐

4. 😊 😐

___ / 4
Total

Un tipo de juguete antiguo que a los niños todavía les gusta es Tinker Toys. A los dos hombres que lo fabricaron les gustaban los juguetes fuertes. Los Tinker Toys están hechos de madera.

1. ¿Quién fabricó Tinker Toys?

A. niños
B. dos hombres
C. madera

2. ¿Por qué usaron madera los hombres?

A. para que el juego fuera divertido
B. para que el juego fuera fuerte
C. para que el juego fuera grande

3. ¿Qué palabra rima con *madera*?

A. quería
B. espera
C. juguete

4. ¿Cuál es lo opuesto de *fuerte*?

A. débil
B. afuera
C. claro

NOMBRE: _____ **FECHA:** _____

INSTRUCCIONES Lee el texto. Responde las preguntas.

> ¿Tienes un dólar? Hace mucho tiempo, podías comprar un juguete de cuerda con un dólar. Dale cuerda. ¡Mira cómo la rana salta, salta, salta!

1. ¿Qué oración es verdadera?

- A) Hace mucho tiempo, podías comprar una rana con un dólar.
- B) Hace mucho tiempo, podías comprar un juguete con un dólar.
- C) Hace mucho tiempo, podías saltar.

2. ¿Qué tipo de juguete es?

- A) un juguete de bebé
- B) un juguete de cuerda
- C) un juguete nuevo

3. ¿Qué palabra está escrita sin errores de ortografía?

- A) dolar
- B) dolorr
- C) dólar

4. ¿Qué significan las palabras *dar cuerda* en este texto?

- A) girar
- B) jugar
- C) soplar

NOMBRE: _____ **FECHA:** _____

Trenes para todas las edades

Los primeros trenes de modelismo se fabricaron hace más de 100 años. Mostraban cómo era viajar en tren. Luego, los fabricantes de juguetes descubrieron que a niños de todas las edades les gustan los trenes. Comenzaron a fabricar trenes de modelismo que costaban menos. Ahora, muchas personas pueden tener un juego de trenes miniatura. ¡También pueden construir un ferrocarril completo!

NOMBRE: _____ **FECHA:** _____

INSTRUCCIONES Lee "Trenes para todas las edades". Responde las preguntas.

1. ¿Qué significa *modelismo* en este texto?

   (A) un tipo de tren más antiguo
   (B) una copia pequeña de un tren
   (C) una vía para un tren

2. ¿Qué tipo de juego de trenes miniatura sería simple?

   (A) un juego de trenes miniatura con una sola vía
   (B) un ferrocarril completo con tres vías
   (C) dos trenes eléctricos con una estación

3. ¿Por qué hicieron trenes los fabricantes de juguetes?

   (A) porque las personas querían tener su propio tren de juguete
   (B) porque las personas querían viajar en tren
   (C) porque las personas no podían viajar en tren

4. ¿Cuál es otro buen título para este texto?

   (A) Por qué tomamos el tren
   (B) Por qué cuestan demasiado los trenes de juguete
   (C) Por qué tenemos trenes de modelismo

PUNTAJE

1. ☺ ☹
2. ☺ ☹
3. ☺ ☹
4. ☺ ☹

___ / 4
Total

SEMANA 22
DÍA 5

NOMBRE: _____ **FECHA:** _____

PUNTAJE ___/4

 Vuelve a leer "Trenes para todas las edades".

 Piensa en los trenes que has visto. ¿Qué te gustaría tener en un juego de trenes miniatura?

Escribe sobre cómo sería tu juego de trenes miniatura.

NOMBRE: _____ **FECHA:** _____

INSTRUCCIONES Lee el texto. Responde las preguntas.

> La escuela Main Street hará una feria de invierno. Kile y Dave llegan al gimnasio de la escuela temprano. Están emocionados. ¡Tal vez ganen algunos premios!

1. ¿Donde se realiza la feria?

- A en la biblioteca de la escuela Main Street
- B en el patio de la escuela Main Street
- C en el gimnasio de la escuela Main Street

2. ¿Por qué crees que Kile y Dave van temprano?

- A No pueden esperar más para ver la feria.
- B Se levantaron tarde ese día.
- C No quieren ver mucho.

3. ¿Qué palabra rima con  ?

- A premios
- B cartas
- C feria

4. ¿Qué significa la palabra *feria* en este texto?

- A descanso
- B mercado
- C juegos recreativos

SEMANA 23
DÍA 1

PUNTAJE

1. ☺ ☹
2. ☺ ☹
3. ☺ ☹
4. ☺ ☹

___/4 Total

NOMBRE: _____ **FECHA:** _____

INSTRUCCIONES Lee el texto. Responde las preguntas.

> Kile y Dave primero hacen el juego de tiro de bolsitas de frijoles. Intentan acertar tres bolsitas de frijoles a través de la boca de un león de madera. Cada uno falla un tiro.

1. ¿A qué juegan primero?

- A) tiro de pelota de béisbol
- B) tiro de almohada
- C) tiro de bolsitas de frijoles

2. ¿Cuántas veces acierta la bolsita de frijoles cada uno?

- A) una vez
- B) dos veces
- C) tres veces

3. ¿Qué palabra comienza con el mismo sonido de *tiro*?

- A) tres
- B) falla
- C) boca

4. ¿Qué palabra significa el número 3?

- A) árbol
- B) tres
- C) tez

NOMBRE: _____ **FECHA:** _____

INSTRUCCIONES Lee el texto. Responde las preguntas.

> Todos los niños ganan en el juego de pisotear los globos. Hay un papelito en cada globo. Los papeles dicen a Kile y a Dave lo que han ganado.

1. ¿Quiénes juegan al juego de pisotear los globos?

- A nadie
- B un papelito
- C Kile y Dave

2. ¿Qué hay en cada papelito?

- A el nombre de un premio
- B el nombre de un jugador
- C el color del globo

3. ¿Qué palabra rima con la palabra *ganado*?

- A hablado
- B ganar
- C globo

4. ¿Qué significa la palabra *papelito* en este texto?

- A ropa
- B una pedazo pequeño de papel
- C caer

El baile de los pasteles

Kile y Dave hacen el baile de los pasteles en la feria. Cada uno se para sobre un cuadrado que tiene un número. La música comienza y caminan en círculo. La música se detiene y todos se paran sobre un cuadrado. El líder toma dos números de un sombrero. Kile y Dave aplauden. ¡Cada uno vuelve a casa con un gran pastel!

NOMBRE: _____ **FECHA:** _____

INSTRUCCIONES Lee "El baile de los pasteles". Responde las preguntas.

1. ¿Por qué crees que Kile y Dave hicieron el baile de los pasteles?

- Ⓐ Les gusta jugar un juego.
- Ⓑ Quieren ganarse un pastel.
- Ⓒ Son mejores amigos.

2. ¿Qué hace el líder?

- Ⓐ Elige los pasteles de una mesa.
- Ⓑ Elige los números ganadores de un sombrero.
- Ⓒ Elige los nombres ganadores de un sombrero.

3. ¿Por qué aplauden Kile y Dave?

- Ⓐ Están listos para ir a casa.
- Ⓑ Sus amigos ganaron pasteles.
- Ⓒ Cada uno de ellos ganó un pastel.

4. ¿Qué oración explica mejor este texto?

- Ⓐ Kile y Dave se divierten.
- Ⓑ Kile y Dave hacen el baile de los pasteles.
- Ⓒ Kile y Dave van a casa.

PUNTAJE

1. ☺ ☹
2. ☺ ☹
3. ☺ ☹
4. ☺ ☹

___ / 4
Total

SEMANA 23
DÍA 5

NOMBRE: _____ **FECHA:** _____

PUNTAJE
___ / 4

- **Vuelve a leer** "El baile de los pasteles".
- **Piensa en** los diferentes tipos de pasteles. ¿Cuál prefieres?
- **Escribe sobre** cómo es y qué sabor tiene tu pastel favorito.

NOMBRE: _____ **FECHA:** _____

INSTRUCCIONES Lee el texto. Responde las preguntas.

> James trabajaba en una escuela de varones. Estaba a cargo de los deportes. Necesitaba un deporte para los niños dentro del lugar durante los fríos inviernos.

1. ¿Qué hacía James en su trabajo?

- (A) enseñaba deportes
- (B) enseñaba arte
- (C) enseñaba matemáticas

2. ¿Por qué necesitaba un deporte para hacer dentro?

- (A) Era más divertido jugar adentro.
- (B) Hacía demasiado calor para jugar afuera.
- (C) Hacía demasiado frío para jugar afuera.

3. ¿Qué palabra comienza con el mismo sonido que *deportes*?

- (A) bomba
- (B) dentro
- (C) varones

4. ¿Cuál **no** es un deporte?

- (A) baloncesto
- (B) lectura
- (C) fútbol

INSTRUCCIONES Lee el texto. Responde las preguntas.

> James quería un juego que pudiera jugar en un espacio pequeño. Consiguió una pelota de fútbol. Consiguió dos canastas de duraznos. Luego, escribió algunas reglas.

1. ¿Qué hace James?

- A jugar fútbol hasta el almuerzo
- B reunir artículos para hacer un juego
- C recolectar duraznos como regalo

2. ¿Qué consigue James para el juego?

- A dos canastas de duraznos y dos pelotas de fútbol
- B dos canastas de duraznos y una pelota de fútbol
- C dos canastas de duraznos y un conjunto de reglas

3. La palabra *fútbol* tiene dos sílabas: *fút-bol*. ¿Qué palabra tiene dos sílabas?

- A mantequilla
- B mariposa
- C reglas

4. ¿Cuál es la palabra para el número 2?

- A de
- B dos
- C dedos

NOMBRE: _____ **FECHA:** _____

INSTRUCCIONES Lee el texto. Responde las preguntas.

> James ató cada canasta en lo alto de una baranda. Cada equipo trataba de meter la pelota en la canasta. ¡Pero había un gran problema!

1. ¿Qué quería hacer cada equipo?

- A) correr rápido hacia una canasta
- B) meter la pelota en la canasta
- C) golpear la canasta con la pelota

2. ¿Cuál crees que es el problema?

- A) La canasta no estaba suficientemente arriba.
- B) Solo tenían una pelota para lanzar.
- C) La pelota debía sacarse de la canasta.

3. ¿Qué palabra empieza con el mismo sonido que *canasta*?

- A) gran
- B) cada
- C) equipo

4. ¿Qué significa *problema* en este texto?

- A) algo para resolver
- B) 2 + 2 = 4
- C) descubrir la profundidad de las canastas

Un juego nuevo

James llamó a este juego *baloncesto*. Al principio, los jugadores tenían que tirar la pelota ida y vuelta para llegar a las canastas. Años después, cambiaron las reglas. Los jugadores podían driblar la pelota a medida que corrían. El problema de la canasta también se resolvió. Un aro con una red reemplazó cada canasta de duraznos. La pelota podía entrar y pasar a través de la red. ¡El baloncesto era un éxito!

NOMBRE: _____ **FECHA:** _____

INSTRUCCIONES Lee "Un juego nuevo". Responde las preguntas.

1. ¿Por qué crees que el baloncesto fue un éxito?

- (A) Para los niños era muy difícil jugarlo.
- (B) Era divertido para jugar y mirar.
- (C) Tenía muchas reglas para jugar.

2. ¿Por qué es mejor un aro con una red que una canasta?

- (A) Los niños no tenían que sacar la pelota de la canasta.
- (B) Los niños no descansaban lo suficiente.
- (C) Los niños no tenían más canastas de duraznos.

3. ¿Por qué crees que cambiaron las reglas?

- (A) Los jugadores querían correr con la pelota.
- (B) A los jugadores les gustaba pasar la pelota.
- (C) A los jugadores les gustaba la canasta de duraznos.

4. ¿Cuál es otro buen título para este texto?

- (A) Cómo driblar una pelota
- (B) Cómo resolver un problema
- (C) Los comienzos del baloncesto

SEMANA 24
DÍA 5

PUNTAJE ___ / 4

NOMBRE: _____ **FECHA:** _____

 Vuelve a leer "Un juego nuevo".

 Piensa en cómo se juegan el baloncesto y otros deportes.

 Escribe sobre tu deporte favorito y cuenta cómo se juega.

NOMBRE: _____ **FECHA:** _____

INSTRUCCIONES Lee el texto. Responde las preguntas.

> Derek y Belinda están en el receso de primavera. Se suben al automóvil para ir de excursión a las montañas. Empacan el almuerzo y el equipo en las mochilas.

1. ¿A dónde van Derek y Belinda?

- Ⓐ a las montañas a esquiar
- Ⓑ a las montañas a patinar sobre hielo
- Ⓒ a las montañas de excursión

2. ¿Por qué ponen el equipo en mochilas?

- Ⓐ para tener el equipo mientras van de excursión
- Ⓑ para poder dejar el equipo en algún lugar
- Ⓒ para que el equipo quepa en la camioneta

3. *Automóvil* se compone de dos palabras: *auto* y *móvil*. ¿Qué palabra también está compuesta por dos palabras?

- Ⓐ mesabanco
- Ⓑ montaña
- Ⓒ almuerzo

4. ¿Qué significa la palabra *equipo* en este texto?

- Ⓐ cosas que dejarán en el automóvil
- Ⓑ juguetes y juegos para la excursión
- Ⓒ cosas que necesitarán en la excursión

NOMBRE: _____ **FECHA:** _____

INSTRUCCIONES Lee el texto. Responde las preguntas.

> Derek y Belinda tienen medias gruesas y zapatos resistentes para la excursión. Pero aun así Derek se lastima un pie. Se detienen para que él pueda ponerse una venda.

1. ¿Quién se lastima?

- A) Derek
- B) Belinda
- C) las medias

2. ¿Cómo ayudará la venda?

- A) Servirá de almohadilla para que la lastimadura no duela.
- B) Ocultará la lastimadura.
- C) Hará que camine más lento.

3. ¿Qué palabra comienza con el mismo sonido que *tienen*?

- A) (libro)
- B) (llanta)
- C) (termómetro)

4. ¿Qué significa la palabra *resistente* en este texto?

- A) grueso
- B) fuerte
- C) claro

NOMBRE: _____ **FECHA:** _____

INSTRUCCIONES Lee el texto. Responde las preguntas.

> Derek y Belinda meriendan una mezcla de frutos secos durante la excursión. Cuando Belinda deja caer un poco, una ardilla listada se lanza velozmente y roba un cacahuate. Belinda se ríe y deja caer un poco más de la mezcla de frutos secos.

1. ¿Por qué Belinda y Derek comen una mezcla de frutos secos?

- Ⓐ porque encontraron algunos
- Ⓑ para no tener que cargarlos
- Ⓒ para tener suficiente energía para seguir la excursión

2. ¿Por qué crees que Belinda dejó caer más mezcla de frutos secos?

- Ⓐ para ver si llegaban más ardillas listadas
- Ⓑ porque no quería comerla
- Ⓒ porque ella se tropezó y cayó

3. ¿Qué palabra tiene la *z* como en la palabra *mezcla*?

- Ⓐ lanza
- Ⓑ secos
- Ⓒ lista

4. ¿Qué significan las palabras *lanza velozmente* en este texto?

- Ⓐ se sienta
- Ⓑ corre
- Ⓒ se balancea

Una sorpresa en el almuerzo

Belinda y Derek están cansados y hambrientos después de tres horas. Se detienen en un claro y desempacan el almuerzo. Los sándwiches y las manzanas tienen un sabor excelente. Comienzan a limpiar después de comer.

De repente, Derek susurra:

—¡Mira! En el claro hay un ciervo y su cervatillo.

Belinda y Derek se quedan quietos hasta que se van los ciervos.

—¡Eso fue lo mejor! —dice Belinda.

NOMBRE: _____ **FECHA:** _____

SEMANA 25
DÍA 4

INSTRUCCIONES Lee "Una sorpresa en el almuerzo". Responde las preguntas.

PUNTAJE

1. ¿Por qué susurra Derek?

- Ⓐ para que los ciervos no se asusten
- Ⓑ para que Belinda no se asuste
- Ⓒ para que Belinda no coma

2. ¿Qué es un cervatillo?

- Ⓐ una mamá ciervo
- Ⓑ una cría de ciervo
- Ⓒ un papá ciervo

3. —¡Eso fue lo mejor! —dijo Belinda.

¿Qué quiso decir?

- Ⓐ Ya no tenía más hambre.
- Ⓑ Estaba lista para ir a casa.
- Ⓒ Fue fabuloso ver los ciervos.

4. ¿Qué oración explica mejor este texto?

- Ⓐ Belinda y Derek tienen hambre y almuerzan.
- Ⓑ Belinda y Derek hacen un pícnic y ven ciervos.
- Ⓒ Belinda y Derek tienen el mejor día porque vieron una ardilla listada.

1. ☺ ☹
2. ☺ ☹
3. ☺ ☹
4. ☺ ☹

___ / 4
Total

SEMANA 25
DÍA 5

NOMBRE: _____ **FECHA:** _____

PUNTAJE ___/4

 Vuelve a leer "Una sorpresa en el almuerzo".

 Piensa en los momentos cuando estás afuera. ¿Qué animales te gusta ver? ¿Te ha sorprendido algún animal?

 Escribe sobre un animal que hayas visto.

NOMBRE: _____ **FECHA:** _____

INSTRUCCIONES Lee el texto. Responde las preguntas.

> Algunos perros tienen trabajos importantes. Se llaman *perros guía*. Algunos son entrenados para ayudar a personas ciegas o sordas. Estos perros son adiestrados para mantener seguro a su dueño.

1. ¿De qué tipo de perros se trata el texto?

- A) perros de mascota
- B) perros importantes
- C) perros guías

2. ¿Qué podría hacer un perro en este texto para ayudar?

- A) acompañar a alguien a cruzar la calle
- B) jugar con otros perros en el parque
- C) alejar animales de una persona

3. La palabra *importante* tiene cuatro sílabas: *im-por-tan-te*. ¿Qué palabra tiene cuatro sílabas?

- A) paraguas
- B) sandía
- C) entrenados

4. ¿Qué significa la palabra *adiestrados* en este texto?

- A) trabajados
- B) entrenados
- C) escuelas

SEMANA 26
DÍA 1

PUNTAJE

1. ☺ ☹
2. ☺ ☹
3. ☺ ☹
4. ☺ ☹

___/4 Total

SEMANA 26
DÍA 2

NOMBRE: _____ **FECHA:** _____

INSTRUCCIONES Lee el texto. Responde las preguntas.

PUNTAJE

Algunos perros de servicio ayudan a las personas sordas. ¿Acaba de sonar el timbre? Este perro tocará a su dueño. Hasta puede despertar a una persona si una alarma se activa.

1. ¿Qué puede hacer un perro de servicio?

A) cantar
B) tocar el timbre
C) ayudar a una persona sorda

2. ¿Cómo el perro le indica algo a una persona sorda?

A) Le ladra ruidosamente a la persona.
B) Toca a la persona.
C) Salta sobre la persona.

3. ¿Qué palabra está escrita sin errores de ortografía?

A) persona
B) perrsona
C) perzona

4. ¿Qué significa *alarma* en este texto?

A) un reloj que hace tictac de manera ruidosa
B) un programa de radio o televisión
C) un timbre o campana que advierte

___/4 Total

NOMBRE: _____ **FECHA:** _____

INSTRUCCIONES Lee el texto. Responde las preguntas.

> Algunos perros de servicio ayudan a personas que usan una silla de ruedas. Estos perros pueden encender y apagar luces. Pueden recoger un libro. Hasta pueden abrir y cerrar puertas.

1. ¿Qué hacen los perros de servicio?

- A. Ayudan a personas que no pueden moverse con facilidad.
- B. Ayudan a personas que quieren entrenar un perro.
- C. Ayudan a que las personas se mejoren.

2. ¿Qué oración **no** es verdadera?

- A. Los perros de servicio pueden encender y apagar luces.
- B. Los perros de servicio pueden usar una silla de ruedas.
- C. Los perros de servicio pueden recoger un libro.

3. El término *silla de ruedas* tiene tres palabras: *silla* de *ruedas*. ¿Qué término tiene tres palabras?

- A. personas
- B. primavera
- C. perros de servicio

4. ¿Qué significa la palabra *servicio* en este texto?

- A. juguetón
- B. útil
- C. cuidadoso

NOMBRE: _____ **FECHA:** _____

Perros héroes

¿Hubo un terremoto? ¿Hubo una tormenta fuerte? ¿Un excursionista se perdió en una montaña? Es entonces cuando algunos perros salen a trabajar. Estos se llaman *perros de búsqueda y rescate*. Los perros tienen un mejor sentido del olfato que las personas. Han sido entrenados para usar esos hocicos. Los perros han encontrado a personas enterradas en la nieve o debajo de edificios. ¡Son héroes reales!

NOMBRE: _____ **FECHA:** _____

INSTRUCCIONES Lee "Perros héroes". Responde las preguntas.

1. ¿Qué significa *búsqueda y rescate*?

- Ⓐ desenterrar objetos o personas
- Ⓑ ayudar a las personas a moverse
- Ⓒ buscar y salvar personas

2. ¿Cuándo un perro de búsqueda y rescate va a trabajar?

- Ⓐ cuando su dueño tiene tiempo
- Ⓑ cuando las personas se pierden o desaparecen
- Ⓒ cuando son entrenados

3. ¿Por qué los perros son buenos en las búsquedas?

- Ⓐ Son fuertes y trabajan duro.
- Ⓑ Pueden oler objetos que están enterrados.
- Ⓒ Les gusta cazar y correr.

4. ¿Cuál es otro buen título para este texto?

- Ⓐ ¡Perros a la fuga!
- Ⓑ ¡Perros y personas!
- Ⓒ ¡Perros al rescate!

SEMANA 26
DÍA 5

NOMBRE: _____ **FECHA:** _____

PUNTAJE ___ / 4

 Vuelve a leer "Perros héroes".

Piensa en cómo los perros ayudan a las personas. ¿Cómo te gustaría que te ayudara un perro? ¿El perro limpiaría tu habitación? ¿Haría trucos para hacerte reír? ¿Te mantendría abrigado por la noche?

 Escribe sobre qué te gustaría que un perro hiciera.

NOMBRE: _____ **FECHA:** _____

INSTRUCCIONES Lee el texto. Responde las preguntas.

> Chan y Juana están en la playa. Quieren ver muchos peces. Mamá dice que les enseñará a bucear. Así podrán buscar peces debajo del agua.

1. ¿Quién les enseñará a Chan y Juana a bucear?

- A) la playa
- B) los peces
- C) mamá

2. ¿Por qué Chan y Juana aprenderán a bucear?

- A) para poder ver a los peces nadando cerca
- B) para poder nadar más rápido con aletas
- C) para poder jugar en el agua

3. La palabra perros es plural. ¿Qué palabra también es plural?

- A) entonces
- B) playa
- C) peces

4. ¿Qué significa *muchos*?

- A) algunos
- B) bastantes
- C) unos pocos

NOMBRE: _____ **FECHA:** _____

INSTRUCCIONES Lee el texto. Responde las preguntas.

> Chan y Juana se meten al agua. Flotan boca abajo. Las aletas los ayudan a moverse. La máscara les permite ver cosas. El tubo de buceo les permite respirar.

1. ¿Qué ayuda a Chan y Juana a moverse?

- Ⓐ las máscaras
- Ⓑ las olas
- Ⓒ las aletas

2. ¿Cómo respiran?

- Ⓐ por los tubos de buceo
- Ⓑ por las máscaras
- Ⓒ toman descansos

3. ¿Qué palabra está escrita con errores de ortografía?

- Ⓐ mover
- Ⓑ boca
- Ⓒ busear

4. ¿Qué significa *máscara* en este texto?

- Ⓐ algo que cubre la boca
- Ⓑ algo que cubre el cabello
- Ⓒ algo que cubre la nariz y los ojos

NOMBRE: _____ **FECHA:** _____

INSTRUCCIONES Lee el texto. Responde las preguntas.

> Bucear es fácil de aprender. Chan y Juana ven peces de diferentes colores y formas. Algunos son rayados. Otros tienen manchas. Algunos son largos y delgados.

1. ¿Qué oración es verdadera?

- A) A Chan y Juana no les gusta bucear.
- B) Chan y Juana aprenden rápido a bucear.
- C) Chan y Juana quieren dejar de bucear.

2. ¿Qué tipos de peces vieron?

- A) rayados y con manchas
- B) grandes con aletas largas
- C) rápidos y lentos

3. ¿Qué palabra comienza con el mismo sonido que *rayados*?

- A) algunos
- B) delgados
- C) rayas

4. ¿Cuál es lo opuesto de *largo y delgado*?

- A) corto y gordo
- B) alto y flaco
- C) pequeño y grueso

¡Tiburón!

Chan y Juana van en bote a un arrecife de coral. Un arrecife parece un bosque debajo del mar. El coral se ve como plantas coloridas. Son animales marinos muy pequeños. Hay muchos peces en el arrecife. Chan y Juana ven peces con nombres raros como chopa y corocoro. Pero lo mejor llega al final. Un pequeño tiburón punta negra aparece.

NOMBRE: _____ **FECHA:** _____

INSTRUCCIONES Lee "¡Tiburón!". Responde las preguntas.

---

1. ¿Qué oración es verdadera?

- Ⓐ Un arrecife de coral no tiene plantas.
- Ⓑ Los corales son pequeños animales marinos.
- Ⓒ Los peces no se acercan a los arrecifes.

2. ¿Cómo crees que el tiburón punta negra obtuvo su nombre?

- Ⓐ Las aletas tienen puntas negras. El tiburón nada alrededor de los arrecifes.
- Ⓑ La nariz termina en punta. El tiburón nada en lo profundo del mar.
- Ⓒ El tiburón tiene ojos negros. Él nada en las olas.

3. ¿Qué significa la palabra *raros* en este texto?

- Ⓐ extraños
- Ⓑ cortos
- Ⓒ bonitos

4. ¿Cuál es otro buen título para este texto?

- Ⓐ Nadar en la playa
- Ⓑ Un paseo en bote
- Ⓒ Buceo en un arrecife

NOMBRE: _____ **FECHA:** _____

Vuelve a leer "¡Tiburón!".

Piensa en diferentes peces. Si pudieras ponerle nombre a un pez, ¿cómo lo llamarías?

Escribe sobre qué nombre le pondrías y por qué.

SEMANA 28
DÍA 1

NOMBRE: _____ **FECHA:** _____

INSTRUCCIONES Lee el texto. Responde las preguntas.

> Un huracán es una tormenta enorme. Esta tormenta comienza sobre el océano. Los vientos soplan en círculo. Los vientos pueden soplar a una velocidad de hasta 200 millas por hora. Llueve muy fuerte.

1. ¿Qué es un huracán?

- A) una tormenta que comienza sobre la tierra
- B) una tormenta que comienza sobre el agua
- C) una tormenta que comienza sobre islas

2. ¿Qué oración es verdadera sobre un huracán?

- A) Los vientos fuertes soplan en círculo.
- B) Los vientos leves soplan alrededor del océano.
- C) Los vientos fuertes pueden soplar a una velocidad de 300 millas por hora.

3. La palabra *huracán* tiene tres sílabas: *hu-ra-cán*. ¿Qué palabra también tiene tres sílabas?

- A) saltamontes
- B) viento
- C) lagarto

4. ¿Qué palabra significa lo mismo que *océano*?

- A) lago
- B) isla
- C) mar

PUNTAJE

1. ☺ ☹
2. ☺ ☹
3. ☺ ☹
4. ☺ ☹

___ / 4
Total

NOMBRE: _____ **FECHA:** _____

INSTRUCCIONES Lee el texto. Responde las preguntas.

> El centro de un huracán se llama el *ojo*. Los vientos no soplan tan fuerte en el ojo. No llueve tanto.

1. ¿Qué es el *ojo* de un huracán?

Ⓐ el borde externo de la tormenta
Ⓑ el área donde la tormenta comienza
Ⓒ el área en el centro de la tormenta

2. ¿Cómo es el tiempo en el ojo?

Ⓐ La tormenta es más tranquila.
Ⓑ La tormenta es más ventosa.
Ⓒ La tormenta es más lluviosa.

3. ¿Qué palabra comienza con el mismo sonido que *llama*?

Ⓐ llueve
Ⓑ quejido
Ⓒ ancho

4. ¿Qué significa la palabra *fuerte* en este texto?

Ⓐ malo
Ⓑ intenso
Ⓒ rápido

NOMBRE: _____ **FECHA:** _____

INSTRUCCIONES Lee el texto. Responde las preguntas.

> Los vientos de un huracán hacen que el agua se mueva. Se forman olas gigantes. El nivel del mar puede volverse muy alto. Esto se llama *marea tormentosa*.

1. ¿Qué ocurre en una marea tormentosa?

- Ⓐ Las olas y el nivel del mar se vuelven altos.
- Ⓑ Las olas se vuelven más pequeñas en el ojo.
- Ⓒ Las olas generan más viento y lluvia.

2. ¿Qué mueve las olas en un huracán?

- Ⓐ el agua
- Ⓑ el viento
- Ⓒ la lluvia

3. ¿Qué palabra rima con *tormentosa*?

- Ⓐ templo
- Ⓑ fósforo
- Ⓒ graciosa

4. ¿Qué significa *gigantes* en este texto?

- Ⓐ fuertes
- Ⓑ enormes
- Ⓒ rápidos

NOMBRE: _____ **FECHA:** _____

Un huracán en tierra

¿Un huracán se acerca? ¿Tú vives cerca del océano? Entonces es posible que tengas que irte de casa hasta que la tormenta termine. Los vientos fuertes pueden destrozar árboles. La lluvia puede causar inundaciones. El nivel del mar puede aumentar con la marea tormentosa. Los barcos pueden sacudirse debido a las olas. La playa puede desgastarse. Asegúrate de ir a un lugar seguro si un huracán se acerca.

NOMBRE: _____ **FECHA:** _____

INSTRUCCIONES Lee "Un Huracán en tierra". Responde las preguntas.

1. ¿En qué tipo de lugar estarías a salvo durante un huracán?

- A. en una casa grande junto a la playa
- B. en una casa alejada de la playa
- C. en un parque cerca del océano

2. ¿Por qué algunas personas tienen que dejar sus casas?

- A. Un huracán hace que las personas deban quedarse en el trabajo.
- B. Puede que no estén a salvo durante un huracán.
- C. Es divertido ver el huracán.

3. ¿Qué oración es verdadera?

- A. Las personas deberían ver la tormenta acercándose.
- B. Las personas deberían nadar en las grandes olas.
- C. Las personas deberían atar sus botes.

4. ¿Cuál es la idea principal de este texto?

- A. Un huracán puede ser peligroso cuando llega a tierra.
- B. Un huracán puede aparecer en la televisión.
- C. Un huracán se mueve más rápido en la tierra.

SEMANA 28
DÍA 5

NOMBRE: _____ **FECHA:** _____

PUNTAJE ___ / 4

 Vuelve a leer "Un huracán en tierra".

 Piensa en cómo se ve una playa antes de una gran tormenta. ¿Cómo se vería después de una gran tormenta?

 Escribe sobre cómo se ve una playa después de una tormenta.

NOMBRE: _____ **FECHA:** _____

INSTRUCCIONES Lee el texto. Responde las preguntas.

> —Tu cumpleaños es el sábado, Tan. ¿Qué te gustaría hacer? —pregunta papá.
>
> —Me gustaría pasear en tren. No, me gustaría dar un paseo en elefante. Y tal vez andar a caballo —dice Tan.

1. ¿Por qué papá le pregunta a Tan sobre el sábado?

- Ⓐ Papá quiere hornear un pastel para Tan.
- Ⓑ Papá quiere llevar a Tan de compras.
- Ⓒ Papá quiere planear el cumpleaños de Tan.

2. ¿En cuántos animales quiere Tan dar un paseo?

- Ⓐ uno
- Ⓑ dos
- Ⓒ tres

3. ¿Qué palabra tiene el mismo sonido vocálico que *tren*?

- Ⓐ vez
- Ⓑ par
- Ⓒ pronto

4. ¿Qué significa *tal vez*?

- Ⓐ quizás
- Ⓑ sí
- Ⓒ mañana

NOMBRE: _____ **FECHA:** _____

INSTRUCCIONES Lee el texto. Responde las preguntas.

—Pasear en un caballo sería divertido. ¿Qué más te gustaría hacer en tu cumpleaños? —dice papá.

Me gustaría jugar con mariposas y pájaros. ¿Podría también acariciar lagartos? —dice Tan.

---

1. ¿Quiénes son los personajes principales de este texto?

A) Tan y papá
B) mariposas y pájaros
C) lagartos

2. ¿Qué quiere acariciar Tan?

A) mariposas
B) pájaros
C) lagartos

3. ¿Qué rima con *pasear*?

A) desear
B) entender
C) saber

4. ¿Qué significa *acariciar* en este texto?

A) tocar o dar palmaditas suavemente
B) tener un animal de mascota en casa
C) agarrar

NOMBRE: _____ **FECHA:** _____

INSTRUCCIONES Lee el texto. Responde las preguntas.

> —Eso es mucho para hacer en tu cumpleaños —dice papá—. Espero que tengamos tiempo.
>
> —Pensé en más cosas para hacer —dice Tan—. ¿Podría ver un tiburón o una tortuga? ¿Y también hacer un pícnic?

1. ¿Quién es Tan?

- A la mamá
- B una tortuga
- C el hijo

2. ¿Por qué crees que Tan quiere hacer tantas cosas?

- A Quiere divertirse.
- B Quiere que papá planifique el día.
- C Quiere ir al cine.

3. ¿Qué palabra termina con el mismo sonido que *también*?

- A recién
- B tiempo
- C frío

4. ¿Qué significa *pícnic*?

- A una mesa al aire libre
- B una fiesta al aire libre
- C una comida al aire libre

NOMBRE: _____ **FECHA:** _____

La sorpresa de cumpleaños

¡El cumpleaños de Tan llegó! Papá organizó una excursión sorpresa. Tan anda a caballo en el carrusel. Da un paseo en elefante y también en el tren del zoológico. Algunas mariposas se posan sobre Tan en el jardín de mariposas. Un loro le habla a papá en la casa de aves. Tan acaricia a un lagarto y a una tortuga en la casa de reptiles. Después de un pícnic, Tan y papá ven un tigre. ¡Qué grandioso cumpleaños!

NOMBRE: _____ **FECHA:** _____

INSTRUCCIONES Lee "La sorpresa de cumpleaños". Responde las preguntas.

---

1. ¿Qué significa *casa de reptiles*?

- (A) un lugar donde viven animales como los lagartos
- (B) un lugar donde viven animales como los osos
- (C) un lugar donde viven animales como los pájaros

2. ¿Dónde van papá y Tan?

- (A) al zoológico
- (B) al parque
- (C) a la estación de tren

3. ¿Cuándo tienen el pícnic?

- (A) antes de que Tan de un paseo en el tren
- (B) antes de que Tan acaricie una tortuga
- (C) antes de que Tan y papá vean un tigre

4. ¿Cuál es otro buen título para este texto?

- (A) Un pícnic de cumpleaños
- (B) Un cumpleaños en el zoológico
- (C) Un paseo de cumpleaños

NOMBRE: _____ **FECHA:** _____

Vuelve a leer "La sorpresa de cumpleaños".

Piensa en tu próximo cumpleaños. ¿Te gustaría hacer una fiesta en casa? Tal vez quieras ir a algún lugar. ¿Te gustaría celebrar con tu familia? ¿Te gustaría que tus amigos fueran a casa?

Escribe sobre qué te gustaría hacer en tu cumpleaños.

NOMBRE: _____ **FECHA:** _____

INSTRUCCIONES Lee el texto. Responde las preguntas.

> ¿Alguna vez has perdido una mascota? Hay cosas que puedes hacer para buscar una mascota perdida. Puedes buscar en los alrededores de donde vives. Puedes colgar anuncios sobre tu mascota perdida. Puedes dejar comida que a tu mascota le guste.

1. ¿De qué se trata principalmente este texto?

- A comida que les gusta a las mascotas
- B cómo cuidar a una mascota
- C encontrar a una mascota perdida

2. ¿Cuál **no** es una forma de buscar una mascota perdida?

- A buscar en los alrededores
- B buscar en un libro
- C colgar anuncios

3. ¿Qué palabra termina con el mismo sonido que *buscar*?

- A pincel
- B chimenea
- C mirar

4. ¿Cuál es lo opuesto de *perdido*?

- A encontrado
- B desaparecido
- C saltado

NOMBRE: _____ **FECHA:** _____

INSTRUCCIONES Lee el texto. Responde las preguntas.

> Algunas personas se han preparado para buscar mascotas perdidas. Se llaman *detectives de mascotas*. Harán muchas preguntas sobre tu mascota. Querrán una foto de tu mascota.

1. ¿Por qué alguien llamaría a un detective de mascotas?

- Ⓐ porque le gustan los detectives
- Ⓑ porque quiere aprender sobre mascotas
- Ⓒ porque necesita ayuda para encontrar a su mascota

2. ¿Qué clase de preguntas haría un detective de mascotas?

- Ⓐ preguntas sobre el tiempo
- Ⓑ preguntas sobre tu mascota
- Ⓒ preguntas sobre lo que más te gusta

3. ¿Qué palabra está escrita sin errores de ortografía?

- Ⓐ preparrado
- Ⓑ preparado
- Ⓒ prreparado

4. ¿Qué oración usa la palabra *preparar* de la misma forma que el texto?

- Ⓐ Ana preparó un pastel delicioso.
- Ⓑ Juan se preparó para salir de campamento.
- Ⓒ Kim se preparó para ser veterinaria.

NOMBRE: _____ **FECHA:** _____

INSTRUCCIONES Lee el texto. Responde las preguntas.

> Algunos detectives de mascotas tienen un perro que los ayuda. Los detectives hacen que el perro olfatee objetos que la mascota perdida usaba. El perro sigue un rastro de esos olores. Este perro se llama *perro rastreador*.

1. ¿Por qué algunos detectives de mascotas tienen perros?

- Ⓐ Es divertido tener perros.
- Ⓑ A algunos perros les gusta correr y jugar.
- Ⓒ Los perros ayudan a los detectives a hacer su trabajo.

2. ¿Cuál es el trabajo del perro rastreador?

- Ⓐ Olfatear objetos.
- Ⓑ Rastrear mascotas perdidas.
- Ⓒ Jugar con mascotas.

3. ¿Qué palabra rima con *olores*?

- Ⓐ tazones
- Ⓑ colinas
- Ⓒ flores

4. ¿Qué significa *rastreador* en este texto?

- Ⓐ el perro sigue algo
- Ⓑ el perro dirige a otros perros
- Ⓒ al perro le gusta jugar con otros perros

Mantener a las mascotas a salvo

Algunos perros rastreadores encuentran a una mascota perdida rápido. A veces pierden el rastro. Alguien puede hacer subir a una mascota a un auto. A veces una mascota está dentro de un edificio. Y entonces el rastro se pierde. A algunas mascotas las atropella un auto. Puedes ayudar a mantener a tu mascota a salvo. Puedes hacer que el veterinario le ponga un pequeño chip a un perro o gato. Ese chip indica a quién pertenece el animal. Pero lo mejor que se puede hacer es mantener a la mascota en la casa o el patio.

NOMBRE: _____ **FECHA:** _____

INSTRUCCIONES Lee "Mantener a las mascotas a salvo". Responde las preguntas.

1. ¿Por qué una mascota podría ser atropellada por un auto?

- (A) Está corriendo en la calle.
- (B) Está buscando alimento.
- (C) Encuentra un hueso.

2. ¿Dónde puedes ir para que le pongan un chip a tu mascota?

- (A) a la tienda de mascotas
- (B) al consultorio del veterinario
- (C) a casa

3. ¿Cómo puedes mantener a tu mascota a salvo?

- (A) entrénala para que se mantenga alejada de los autos
- (B) mantenla en la casa o el patio
- (C) aliméntala con chips

4. ¿Cuál es la idea principal?

- (A) Es importante mantener a tu mascota a salvo.
- (B) Es importante tener una mascota.
- (C) Es importante entrenar a tu mascota.

SEMANA 30
DÍA 5

NOMBRE: _____ FECHA: _____

PUNTAJE ___ / 4

 Vuelve a leer "Mantener a las mascotas a salvo".

 Piensa en cosas que se pueden hacer para mantener una mascota a salvo.

 Escribe sobre cómo mantener una mascota a salvo.

_____
_____
_____
_____
_____
_____
_____
_____
_____
_____
_____
_____
_____

NOMBRE: _____ **FECHA:** _____

INSTRUCCIONES Lee el texto. Responde las preguntas.

> A Maddy y Pat les encanta la llegada de la primavera. Van a ver a sus abuelos cada fin de semana. Trabajan en la granja. Pero también se divierten mucho.

1. ¿Dónde viven los abuelos?

- A) en el pueblo
- B) en una granja
- C) con Maddy y Pat

2. ¿Cuándo ven Maddy y Pat a sus abuelos?

- A) los días de semana en primavera
- B) una semana en primavera
- C) los fines de semana en primavera

3. La palabra *abuelos* significa más de uno. ¿Qué palabra puede ir con *abuelos*?

- A) feliz
- B) lindo
- C) sus

4. ¿Qué significa *primavera* en este texto?

- A) el momento del año después del verano
- B) el momento del año antes del otoño
- C) el momento del año después del invierno

NOMBRE: _____ **FECHA:** _____

INSTRUCCIONES Lee el texto. Responde las preguntas.

> Muchos animales nacen en primavera. Las ovejas tienen corderos bebés. Las cabras tienen a sus chivitos. Las vacas tienen terneros y los caballos tienen a sus potrillos. Maddy y Pat pueden acariciarlos a todos.

1. ¿Quiénes acarician a los animales bebé?

- Ⓐ ovejas y cabras
- Ⓑ vacas y caballos
- Ⓒ Maddy y Pat

2. ¿Cómo se llaman las cabrás bebé?

- Ⓐ chivitos
- Ⓑ potrillos
- Ⓒ Billy

3. ¿Qué palabra rima con *potrillo*?

- Ⓐ frío
- Ⓑ bolsillo
- Ⓒ abrigo

4. ¿A quiénes se refiere *sus* en la tercera oración?

- Ⓐ todos los animales
- Ⓑ chivitos
- Ⓒ cabras

NOMBRE: _____ **FECHA:** _____

INSTRUCCIONES Lee el texto. Responde las preguntas.

Maddy y Pat recogen fresas maduras en mayo. Llenan cajas con ellas. De postre se comen una tarta de fresa. Ayudan a su abuela a hacer mermelada. ¡Comen tanto como lo que recogen!

1. ¿A quién ayudan Maddy y Pat?

- A) tarta
- B) mamá
- C) abuela

2. ¿Qué tipo de postre comen?

- A) tarta de arándano
- B) tarta de fresa
- C) helado y fresas

3. La palabra *fresa* significa una. La palabra *fresas* significa más de una. ¿Qué palabra significa más de un *poni*?

- A) ponies
- B) ponis
- C) ponys

4. ¿Qué significa la palabra *maduras* en este texto?

- A) frescas y verdes
- B) suaves y blandas
- C) listas para recoger

PUNTAJE

1. ☺ 😐
2. ☺ 😐
3. ☺ 😐
4. ☺ 😐

___ / 4
Total

¡Vamos a dar un paseo!

Un día, el abuelo les dice a Maddy y a Pat que salgan para darles una sorpresa. Dos ponis y un caballo esperan tranquilos junto a la cerca. Cada poni tiene una montura nueva. El abuelo dice: "Han trabajado duro. Estos son para ustedes. Suban a los ponis y vamos a dar un paseo". Todos pasean hasta el atardecer.

Luego, el abuelo dice: "Es hora de comer. Vamos a casa".

NOMBRE: _____ **FECHA:** _____

INSTRUCCIONES Lee "¡Vamos a dar un paseo!". Responde las preguntas.

1. ¿Cuál era la sorpresa?

- A. Maddy y Pat jugaron en el granero.
- B. Maddy y Pat dieron un paseo en sus propios ponis.
- C. Maddy y Pat trabajaron duro.

2. ¿Qué es una *montura*?

- A. una persona que monta un caballo
- B. un asiento para que alguien monte un caballo
- C. un tipo de cuchara que se usa para alimentar a los caballos con heno

3. ¿Por qué van a casa?

- A. Las personas y los animales necesitan comer.
- B. El granero necesita limpieza.
- C. La abuela les dice que regresen.

4. ¿Cuál es otro buen título para este texto?

- A. Los ponis sorpresa
- B. La cena sorpresa
- C. El trabajo en la granja

SEMANA 31
DÍA 4

PUNTAJE

1. ☺ 😐
2. ☺ 😐
3. ☺ 😐
4. ☺ 😐

___ / 4
Total

NOMBRE: _____ **FECHA:** _____

 Vuelve a leer "¡Vamos a dar un paseo!".

 Piensa en cómo sería tener un poni. ¿Qué nombre le pondrías? ¿Cómo se vería?

Escribe sobre un poni que te gustaría tener.

NOMBRE: _____ **FECHA:** _____

INSTRUCCIONES Lee el texto. Responde las preguntas.

Un buitre es un ave muy útil. Podrías llamarlo "recolector de basura". Este pájaro no mata. Deja que otros se encarguen de eso. Un león puede matar un antílope y solo comerse una parte. El buitre se come lo que queda.

1. ¿Por qué llamarías a un buitre *recolector de basura*?

- A) Se come los huesos de los animales.
- B) Limpia lo que queda de los animales muertos.
- C) Mata venados y leones.

2. ¿Qué come el buitre?

- A) los huesos y las pieles de los leones
- B) la basura de los excursionistas
- C) todo excepto los huesos

3. ¿Qué palabra comienza con el mismo sonido que *basura*?

- A) pavo
- B) pájaro
- C) buitre

4. ¿Qué significa la palabra *útil* en este texto?

- A) provechoso
- B) cuidadoso
- C) horrible

NOMBRE: _____ **FECHA:** _____

INSTRUCCIONES Lee el texto. Responde las preguntas.

> El buitre tiene una cabeza colorada y calva. Tiene que introducir la cabeza dentro del animal muerto para comer. El alimento se le pegaría en las plumas. Esa cabeza calva ayuda a mantener limpia a esta ave grande.

1. ¿Cómo come este tipo de ave?

- Ⓐ Saca el alimento con la cabeza.
- Ⓑ Arranca el alimento con sus patas.
- Ⓒ Saca el alimento con las garras.

2. ¿Por qué crees que el buitre también se llama galli*pavo*?

- Ⓐ Se alimenta como un pavo.
- Ⓑ Le gusta comer pavos.
- Ⓒ Su cabeza se parece a la cabeza de un pavo.

3. ¿Qué palabra rima con *limpio*?

- Ⓐ columpio
- Ⓑ pico
- Ⓒ cinto

4. ¿Qué significa *calva* en este texto?

- Ⓐ sin orejas
- Ⓑ sin plumas
- Ⓒ sin pelo

NOMBRE: _____ **FECHA:** _____

INSTRUCCIONES Lee el texto. Responde las preguntas.

Los buitres vuelan bajo. Están en busca de alimento. Pueden ver y oler bien. Vigilan a otros buitres que vuelan hacia el suelo. ¡Seguirán a los otros para cenar!

1. ¿Cómo los buitres buscan alimento?

- Ⓐ Vuelan de noche y cazan ratones para comer.
- Ⓑ Vuelan y usan los sentidos de la vista y del olfato.
- Ⓒ Vuelan y vigilan a animales que matan a otros.

2. ¿Qué ayuda a los buitres a encontrar alimento?

- Ⓐ el sentido de la vista
- Ⓑ el sentido del gusto
- Ⓒ el sentido del oído

3. ¿Qué palabra comienza con los mismos sonidos que *vuelan*?

- Ⓐ vuelven
- Ⓑ busca
- Ⓒ vapor

4. ¿Qué significa la palabra *seguir*?

- Ⓐ ir delante
- Ⓑ ir al lado
- Ⓒ ir detrás

¡Hora de la cena!

Un buitre puede comer mucho. Eso puede ser un problema si una serpiente quiere comerse al buitre como cena. Puede que el ave esté demasiado pesada para irse volando. Así que hace algo un poco repugnante. Vomita un poco de alimento. Algunas personas creen que así el buitre pesará menos. Otras creen que hacen esto para que la serpiente deba buscar una cena diferente. ¡Qué ave tan inteligente!

NOMBRE: _____ **FECHA:** _____

INSTRUCCIONES Lee "¡Hora de la cena!". Responde las preguntas.

1. ¿Cuál podría ser un problema para un buitre?

- Ⓐ comer muy poco alimento
- Ⓑ comer alimento rancio
- Ⓒ comer demasiado alimento

2. ¿Qué podría hacerle una serpiente a un buitre?

- Ⓐ matarlo y comerlo
- Ⓑ compartir su alimento
- Ⓒ espantarlo

3. ¿Qué significa la palabra *repugnante* en este texto?

- Ⓐ poco inteligente
- Ⓑ asqueroso
- Ⓒ significa

4. ¿Por qué el texto dice que un buitre es un *ave tan inteligente*?

- Ⓐ Sabe cómo mantenerse a salvo de las serpientes.
- Ⓑ Sabe cómo comer la carne de animales muertos.
- Ⓒ Sabe cómo vomitar.

PUNTAJE

1. ☺ 😐
2. ☺ 😐
3. ☺ 😐
4. ☺ 😐

___ / 4
Total

SEMANA 32
DÍA 5

NOMBRE: _____ **FECHA:** _____

PUNTAJE
___/4

Vuelve a leer "¡Hora de la cena!".

Piensa en todo lo que sabes sobre el buitre.

Escribe sobre lo que aprendiste acerca de esta ave. Haz una lista.

_____
_____
_____
_____
_____
_____
_____
_____
_____
_____
_____
_____

NOMBRE: _____ **FECHA:** _____

INSTRUCCIONES Lee el texto. Responde las preguntas.

> Mara y Joe están en una excursión. Su clase está en la Cueva de los Vientos. Irán a las profundidades de la cueva en el recorrido. Estará tan oscuro que tendrán que llevar una linterna para poder ver.

1. ¿A dónde va la clase?

- Ⓐ a una excursión en autobús
- Ⓑ a un recorrido por una cueva
- Ⓒ a una caminata

2. ¿Por qué estará oscuro durante el recorrido?

- Ⓐ Estarán en las profundidades del suelo.
- Ⓑ Harán el recorrido de noche.
- Ⓒ Caminarán sin luz.

3. ¿Qué palabra rima con *excursión*?

- Ⓐ televisión
- Ⓑ armazón
- Ⓒ linterna

4. ¿Cuál es otra palabra para *linterna*?

- Ⓐ cueva
- Ⓑ oscuridad
- Ⓒ lámpara

SEMANA 33 DÍA 2

NOMBRE: _____ **FECHA:** _____

INSTRUCCIONES Lee el texto. Responde las preguntas.

> Mara y Joe se llevan una sorpresa. Un gato de cola anillada pasa a toda velocidad frente a ellos. Este es parte de la familia de los mapaches. El guía dice que este animal generalmente se esconde. El guía también habla sobre los murciélagos que viven en la cueva.

1. ¿Quién está en la cueva con Mara y Joe?

Ⓐ su mamá
Ⓑ su familia
Ⓒ un guía

2. ¿Sobré qué aprenden?

Ⓐ murciélagos en la cueva
Ⓑ insectos en la cueva
Ⓒ animales en la cueva

3. ¿Qué palabra está escrita sin errores de ortografía?

Ⓐ kueva
Ⓑ cueva
Ⓒ cueba

4. ¿Qué significa *generalmente* en este texto?

Ⓐ muchas veces
Ⓑ casi siempre
Ⓒ casi nunca

PUNTAJE

1. ☺ ☹
2. ☺ ☹
3. ☺ ☹
4. ☺ ☹

___ / 4 Total

NOMBRE: _____ **FECHA:** _____

INSTRUCCIONES Lee el texto. Responde las preguntas.

> Joe y Mara caminan con cuidado en la cueva. Algunas partes del sendero están húmedas y resbaladizas. Tienen que apretujarse entre algunos espacios angostos. Está oscuro y hay mucho silencio. La única luz viene de las linternas.

1. ¿Cuál de estos **no** indica dónde están Mara y Joe?

- A) en un sendero
- B) afuera
- C) en una cueva

2. ¿Por qué caminan con cuidado?

- A) La cueva es bonita de ver.
- B) El sendero es resbaladizo y oscuro.
- C) El sendero es largo.

3. ¿Qué palabra tiene el mismo sonido final que *apretujarse*?

- A) sorbos
- B) arrodillarse
- C) tazas

4. ¿Qué significa *resbaladizo* en este texto?

- A) oscuro
- B) seguro
- C) resbaloso

Vistas congeladas

La clase ve rocas de todo tipo de formas. Ven grandes rocas que parecen témpanos. Las que cuelgan del techo se llaman *estalactitas*. Las que salen del suelo se llaman *estalagmitas*. Algunas paredes parecen cascadas congeladas. ¡Mara y Joe se alegran de tener puestos los abrigos! Les gusta el recorrido. Pero les alegra regresar a la luz del sol.

NOMBRE: _____ **FECHA:** _____

INSTRUCCIONES Lee "Vistas congeladas". Responde las preguntas.

1. ¿Por qué Mara y Joe se alegran de tener los abrigos?

- (A) Está oscuro en la cueva.
- (B) Hace frío en la cueva.
- (C) La cueva es silenciosa.

2. ¿Cómo se ve una estalagmita?

- (A) un enorme témpano en el suelo
- (B) un enorme témpano en el techo
- (C) una cascada congelada

3. ¿Cómo crees que se sienten Mara y Joe al final del recorrido?

- (A) Desean no haber visto los murciélagos.
- (B) Desean que aún estuvieran en el frío y la oscuridad.
- (C) Están felices por haber visto la cueva.

4. ¿Qué significa el título "Vistas congeladas"?

- (A) Vieron rocas en la cueva que parecían congeladas.
- (B) Vieron rocas que solían estar congeladas.
- (C) Vieron témpanos que goteaban en la cueva.

PUNTAJE

1. ☺ 😐
2. ☺ 😐
3. ☺ 😐
4. ☺ 😐

___ / 4
Total

SEMANA 33
DÍA 5

NOMBRE: _____ FECHA: _____

PUNTAJE ___/4

 Vuelve a leer "Vistas congeladas".

 Piensa en qué vieron Mara y Joe en la cueva.

 Escribe sobre qué te gustaría ver y hacer en una cueva. Luego, escribe sobre qué **no** te gustaría ver o hacer en una cueva. Haz dos listas.

NOMBRE: _____ **FECHA:** _____

INSTRUCCIONES Lee el texto. Responde las preguntas.

Hace muchos años, había capitanes de barcos con un solo objetivo. Ellos querían robar todo el oro que pudieran. Algunos reyes y reinas les pedían a los capitanes que robaran. Se esperaba que ellos compartieran el tesoro.

1. ¿Qué querían hacer los capitanes de barcos?

Ⓐ navegar los mares
Ⓑ hacerse ricos robando
Ⓒ explorar los mares

2. ¿Qué querían algunos reyes y reinas?

Ⓐ quedarse con algo de lo robado
Ⓑ aprender sobre los mares
Ⓒ hacer que los capitanes lucharan por ellos

3. La palabra *capitán* tiene tres sílabas: *ca-pi-tán*. ¿Qué palabra también tiene tres sílabas?

Ⓐ hola
Ⓑ reyes
Ⓒ tesoro

4. ¿A qué se refiere *ellos* en este texto?

Ⓐ los capitanes
Ⓑ los reyes y las reinas
Ⓒ el tesoro

NOMBRE: _____ **FECHA:** _____

INSTRUCCIONES Lee el texto. Responde las preguntas.

> Edward Teach era un hombre temible. Tenía una barba negra y larga. Le gustaba llevar con él muchas pistolas. Cargaba cuchillos en su cinturón. Capturó muchos barcos. Con el nombre de Barbanegra, Edward Teach es conocido como el pirata más famoso.

1. ¿Qué **no** nos dice el texto sobre Edward Teach?

- Ⓐ Era famoso.
- Ⓑ Era Barbanegra.
- Ⓒ Era un rey.

3. ¿Qué palabra rima con *conocido*?

- Ⓐ payaso
- Ⓑ pistola
- Ⓒ vestido

2. ¿Dónde guardaba los cuchillos?

- Ⓐ en los bolsillos
- Ⓑ en su cinturón
- Ⓒ en el abrigo

4. ¿Qué significa *pistolas* en este texto?

- Ⓐ barcos
- Ⓑ armas
- Ⓒ piratas

NOMBRE: _____ **FECHA:** _____

INSTRUCCIONES Lee el texto. Responde las preguntas.

> Una balandra era uno de los mejores barcos para un pirata. No era el barco más grande. Pero era veloz. Este ayudaba a los piratas a ganar batallas. Los piratas podían atacar y escapar rápidamente.

1. ¿Por qué una balandra era un buen barco para un pirata?

- Ⓐ Era uno de los barcos más grandes.
- Ⓑ Contenía muchos cofres de tesoros.
- Ⓒ Era veloz durante un ataque pirata.

2. ¿Cuándo una balandra **no** era un buen barco para un pirata?

- Ⓐ cuando los piratas querían mucho espacio
- Ⓑ cuando los piratas querían ir a la costa
- Ⓒ cuando los piratas querían ganar batallas

3. ¿Qué palabra tiene el mismo sonido vocálico que *balandra*?

- Ⓐ difícil
- Ⓑ palabra
- Ⓒ velero

4. ¿Qué es un *barco*?

- Ⓐ una embarcación
- Ⓑ un pirata
- Ⓒ una batalla

NOMBRE: _____ **FECHA:** _____

Un pirata diferente

Mary Read era una mujer desafortunada. Era difícil para ella encontrar trabajo. Así que combatió en una guerra vestida como hombre. Se casó, pero su esposo murió. Salió a navegar y su barco fue atacado por piratas. Mary decidió quedarse y convertirse en pirata. Más tarde, estos piratas fueron capturados. Mary fue a prisión.

Mary Read

NOMBRE: _____ **FECHA:** _____

INSTRUCCIONES Lee "Un pirata diferente". Responde las preguntas.

1. ¿Cuál es verdadera?

- Ⓐ Solo los hombres eran piratas.
- Ⓑ Solo las mujeres eran piratas.
- Ⓒ Los hombres y las mujeres eran piratas.

2. ¿Por qué Mary se vistió como un hombre?

- Ⓐ para poder navegar en un barco
- Ⓑ para poder luchar en la guerra
- Ⓒ para poder casarse

3. ¿Por qué crees que Mary fue a prisión?

- Ⓐ Mary era pobre.
- Ⓑ Los piratas navegaban en barcos.
- Ⓒ Mary era una pirata y los piratas robaban cosas.

4. ¿Cuál es otro buen título para este texto?

- Ⓐ Una mujer desafortunada
- Ⓑ Una mujer afortunada
- Ⓒ Una mujer cruel

SEMANA 34
DÍA 4

PUNTAJE

1. ☺ ☹
2. ☺ ☹
3. ☺ ☹
4. ☺ ☹

___/ 4
Total

SEMANA 34
DÍA 5

NOMBRE: _____ **FECHA:** _____

PUNTAJE

___ / 4

 Vuelve a leer "Un pirata diferente".

 Piensa en qué has leído sobre los piratas.

 Escribe sobre un día en la vida de un pirata.

NOMBRE: _____ **FECHA:** _____

INSTRUCCIONES Lee el texto. Responde las preguntas.

> Nick se despierta muy temprano el sábado.
>
> "Levántate —le dice a Fran—. El parque de diversiones abre en dos horas. ¡Quiero ser el primero en la fila de los boletos!".
>
> Fran sale de las cobijas. ¡Ya está vestida!

1. ¿A dónde van Fran y Nick?

- A) a un parque de animales
- B) a un patio de juegos en el parque
- C) a un parque de diversiones

2. ¿Por qué crees que Fran ya estaba vestida?

- A) Estaba emocionada por el día.
- B) Estuvo despierta toda la noche.
- C) Quería quedarse en la cama.

3. La palabra *diversión* tiene tres sílabas: *di-ver-sión*. ¿Qué palabra también tiene tres sílabas?

- A) carro
- B) pescador
- C) fútbol

4. ¿Cuál es lo opuesto de *temprano*?

- A) tarde
- B) ahora
- C) pronto

PUNTAJE

1. ☺ ☹
2. ☺ ☹
3. ☺ ☹
4. ☺ ☹

___ / 4
Total

NOMBRE: _____ **FECHA:** _____

INSTRUCCIONES Lee el texto. Responde las preguntas.

> Nick y Fran se apresuran para ir al Tornado. Quieren subirse antes de que la fila de la montaña rusa se haga más larga. Se aferran al carrito mientras este sube a la cima y espera. Luego da vueltas mientras va a toda velocidad por el riel. ¡Sí!

1. ¿A dónde van Nick y Fran primero?

- Ⓐ a la montaña rusa
- Ⓑ al carrito
- Ⓒ al riel

2. ¿Por qué Nick y Fran se apresuran?

- Ⓐ Quieren tomarse su tiempo.
- Ⓑ No quieren esperar en filas largas.
- Ⓒ Les gusta correr mucho.

3. ¿Qué palabra rima con *vueltas*?

- Ⓐ deltas
- Ⓑ giros
- Ⓒ velocidad

4. ¿Qué significa la palabra *aferrarse* en este texto?

- Ⓐ sujetarse ligeramente
- Ⓑ sujetarse por un rato
- Ⓒ sujetarse fuertemente

NOMBRE: _____ **FECHA:** _____

INSTRUCCIONES Lee el texto. Responde las preguntas.

> Las filas son cortas, así que se suben de nuevo a la montaña rusa. Luego, se apresuran para ir a la atracción del tronco y logran ocupar los dos primeros asientos. ¡Adivina qué pasa! Cuando el tronco se desliza hacia abajo, ¡quedan empapados!

1. ¿A dónde van Nick y Fran después de la montaña rusa?

- Ⓐ a la atracción del tronco
- Ⓑ a los primeros asientos
- Ⓒ a la parte inferior

2. ¿Qué tipo de atracción es la atracción del tronco?

- Ⓐ una montaña rusa
- Ⓑ una atracción acuática
- Ⓒ una atracción en tren

3. ¿Qué palabra está escrita sin errores de ortografía?

- Ⓐ acientos
- Ⓑ asientos
- Ⓒ hasientos

4. ¿Qué significa *empapados* en este texto?

- Ⓐ húmedos
- Ⓑ fríos
- Ⓒ mojados

Una nueva atracción

El parque de diversiones tiene una nueva atracción. Parece un barco pirata que se balancea alto en el aire. Fran y Nick observan el barco. Se balancea tan alto que parece que fuera a dar una vuelta completa. Deciden subir a esa atracción. La espera es larga, pero la atracción vale la pena. Podrán ver el parque completo desde arriba, ¡cuando tengan el valor suficiente para ver!

NOMBRE: _____ **FECHA:** _____

INSTRUCCIONES Lee "Una nueva atracción". Responde las preguntas.

1. ¿Por qué crees que Fran y Nick observan el barco pirata?

(A) Quieren decidir si subirán.

(B) Quieren descansar de las atracciones.

(C) Quieren saber si son lo suficientemente mayores para subir.

2. ¿Cuál es verdadera?

(A) El barco queda boca abajo.

(B) El barco se balancea de un lado a otro.

(C) El barco no es muy alto.

3. ¿Qué crees que Fran y Nick pensaron sobre la atracción?

(A) que fue un poco aterradora

(B) que fue demasiado lenta

(C) que fue tranquila

4. ¿Cuál sería un buen nombre para esta atracción?

(A) El dragón

(B) ¡Solo para piratas!

(C) Chapuzones

PUNTAJE

1. 😊 😐

2. 😊 😐

3. 😊 😐

4. 😊 😐

___ / 4
Total

SEMANA 35 DÍA 5

NOMBRE: _____ **FECHA:** _____

PUNTAJE ___/4

 Vuelve a leer "Una nueva atracción".

 Piensa en las atracciones que conoces. ¿Te gusta subir a ellas? ¿Por qué o por qué no?

 Escribe sobre una atracción que te gusta y por qué te gusta subirte a esta.

SEMANA 36 — DÍA 1

NOMBRE: _____ **FECHA:** _____

INSTRUCCIONES: Lee el texto. Responde las preguntas.

> Es posible que veas muchos insectos este verano. Pero probablemente no encuentres este insecto en tu patio. La cucaracha gigante de Madagascar proviene de una isla grande cerca de África. Mide dos o tres pulgadas de largo. Es tan ancha como un sujetapapeles.

1. ¿Qué sabes sobre esta cucaracha?

- A) Es inusual.
- B) La puedes encontrar en tu patio.
- C) Solo aparece en el verano.

2. ¿Qué puedes decir sobre su tamaño?

- A) Es más pequeña que muchos insectos.
- B) Es más grande que muchos insectos.
- C) Es del mismo tamaño que muchos insectos.

3. La palabra *insecto* tiene tres sílabas: *in-sec-to*. ¿Qué palabra también tiene tres sílabas?

- A) tubo
- B) grande
- C) martillo

4. ¿Qué palabra significa casi lo mismo que *ancho*?

- A) extraños
- B) grueso
- C) brillante

PUNTAJE

1. 😊 😐
2. 😊 😐
3. 😊 😐
4. 😊 😐

___ / 4 Total

NOMBRE: _____ **FECHA:** _____

INSTRUCCIONES Lee el texto. Responde las preguntas.

> Las cucarachas gigantes de Madagascar se ocultan en el suelo de los bosques. Salen de noche en busca de frutas o plantas para alimentarse. Los machos tienen cuernos en la cabeza, y las hembras tienen bultos. Esta cucaracha terrestre no es una plaga.

1. ¿Cuándo salen las cucarachas terrestres a alimentarse?

Ⓐ durante el día
Ⓑ por la mañana
Ⓒ por la noche

2. ¿Cómo puedes diferenciar a un macho de una hembra?

Ⓐ Puedes observar sus colores.
Ⓑ Puedes observar sus cabezas.
Ⓒ Puedes observar sus barrigas.

3. ¿Qué palabra rima con *fruta*?

Ⓐ diminuta
Ⓑ bulto
Ⓒ frente

4. ¿Qué significa *plaga* en este texto?

Ⓐ sin cuernos
Ⓑ con un ala
Ⓒ peste

NOMBRE: _____ **FECHA:** _____

INSTRUCCIONES Lee el texto. Responde las preguntas.

> A las cucarachas macho les gusta pelear. Se embisten entre ellos con sus cuernos. También se sisean el uno al otro. Sacan el aire a través de orificios respiratorios que tienen en el cuerpo. Este sonido explica cómo el insecto obtuvo el apodo de "cucaracha siseante".

1. ¿Cómo luchan los machos?

- Ⓐ embisten y sisean
- Ⓑ pican y golpean
- Ⓒ patean y escupen

2. ¿Cómo sabes si una cucaracha macho está lista para pelear?

- Ⓐ Se enrosca.
- Ⓑ Sisea.
- Ⓒ Corre.

3. ¿Qué palabra está escrita sin errores de ortografía?

- Ⓐ orificios
- Ⓑ horificios
- Ⓒ orifisios

4. ¿Qué significa la palabra *embestir* en este texto?

- Ⓐ frotar
- Ⓑ sisear
- Ⓒ empujar

Las cucarachas gigantes de Madagascar

A algunas personas les gusta criar estas cucarachas. La cucaracha hembra tiene una caja de huevos dentro del cuerpo. La cucaracha puede tener 50 crías de una sola vez. Las cucarachas se pueden tener en una pecera seca con tapa. Necesitarán un lecho limpio, agua fresca y alimento. No necesitan alimento especial. Pueden comer alimento para perros. ¡Les gustan las rebanadas de manzana como premio!

NOMBRE: _____ **FECHA:** _____

INSTRUCCIONES Lee "Las cucarachas gigantes de Madagascar". Responde las preguntas.

1. ¿Por qué necesitarías una tapa en la pecera seca?

- Ⓐ Las cucarachas podrían volarse.
- Ⓑ Las cucarachas podrían trepar.
- Ⓒ Las cucarachas podrían nadar.

2. ¿Por qué crees que algunas personas las tienen como mascotas?

- Ⓐ Son repugnantes de ver.
- Ⓑ Son divertidas de mirar.
- Ⓒ Son difíciles de tener.

3. ¿Por qué necesitan agua y alimento?

- Ⓐ para estar saludables
- Ⓑ para que se queden en la pecera
- Ⓒ para poder pelear más

4. ¿Cuál es la idea principal?

- Ⓐ A las cucarachas les gusta vivir en el bosque.
- Ⓑ Las cucarachas son una plaga.
- Ⓒ No es difícil tener una cucaracha de mascota.

SEMANA 36 DÍA 5

NOMBRE: _____ **FECHA:** _____

Vuelve a leer "Las cucarachas gigantes de Madagascar".

 Piensa en todos los insectos que has visto. ¿Qué insectos te gusta mirar más?

 Escribe sobre tu insecto favorito. Indica por qué te gusta.

PUNTAJE ___ / 4

CLAVE DE RESPUESTAS

Semana 1

Día 1
1. C
2. B
3. A
4. A

Día 2
1. B
2. A
3. A
4. C

Día 3
1. B
2. C
3. B
4. C

Día 4
1. B
2. A
3. B
4. A

Día 5
Las respuestas pueden variar.

Week 2

Día 1
1. B
2. A
3. B
4. C

Día 2
1. B
2. C
3. A
4. C

Día 3
1. C
2. B
3. B
4. A

Día 4
1. A
2. C
3. B
4. A

Día 5
Las respuestas pueden variar.

Week 3

Día 1
1. B
2. C
3. B
4. A

Día 2
1. A
2. B
3. C
4. B

Día 3
1. A
2. B
3. C
4. A

Día 4
1. C
2. A
3. B
4. A

Día 5
Las respuestas pueden variar.

Semana 4

Día 1
1. C
2. B
3. B
4. A

Día 2
1. A
2. C
3. B
4. C

Día 3
1. C
2. A
3. B
4. A

Día 4
1. A
2. C
3. B
4. B

Día 5
Las respuestas pueden variar.

Semana 5

Día 1
1. B
2. A
3. A
4. B

Día 2
1. C
2. B
3. A
4. C

Día 3
1. A
2. B
3. B
4. C

Día 4
1. B
2. A
3. A
4. B

Día 5
Las respuestas pueden variar.

Semana 6

Día 1
1. C
2. B
3. A
4. A

CLAVE DE RESPUESTAS (cont.)

Semana 6 (cont.)

Día 2
1. A
2. B
3. C
4. A

Día 3
1. B
2. B
3. C
4. B

Día 4
1. B
2. A
3. C
4. B

Día 5
Las respuestas pueden variar.

Semana 7

Día 1
1. B
2. C
3. A
4. B

Día 2
1. C
2. C
3. B
4. A

Día 3
1. B
2. C
3. A
4. A

Día 4
1. C
2. B
3. A
4. C

Día 5
Las respuestas pueden variar.

Semana 8

Día 1
1. B
2. A
3. C
4. A

Día 2
1. B
2. B
3. A
4. C

Día 3
1. A
2. A
3. B
4. A

Día 4
1. A
2. C
3. B
4. C

Día 5
Las respuestas pueden variar.

Semana 9

Día 1
1. A
2. A
3. C
4. C

Día 2
1. C
2. A
3. B
4. B

Día 3
1. B
2. B
3. C
4. A

Día 4
1. C
2. C
3. B
4. A

Día 5
Las respuestas pueden variar.

Semana 10

Día 1
1. B
2. A
3. A
4. B

Día 2
1. B
2. C
3. A
4. C

Día 3
1. A
2. C
3. C
4. B

Día 4
1. B
2. A
3. A
4. C

Día 5
Las respuestas pueden variar.

Semana 11

Día 1
1. B
2. A
3. C
4. A

Día 2
1. A
2. C
3. B
4. A

CLAVE DE RESPUESTAS *(cont.)*

Semana 11 *(cont.)*

Día 3
1. C
2. B
3. B
4. C

Día 4
1. A
2. B
3. C
4. B

Día 5
Las respuestas pueden variar.

Semana 12

Día 1
1. C
2. A
3. C
4. A

Día 2
1. B
2. A
3. B
4. A

Día 3
1. B
2. C
3. A
4. A

Día 4
1. C
2. B
3. A
4. B

Día 5
Las respuestas pueden variar.

Semana 13

Día 1
1. C
2. B
3. A
4. C

Día 2
1. B
2. A
3. B
4. B

Día 3
1. A
2. B
3. B
4. A

Día 4
1. C
2. A
3. C
4. A

Día 5
Las respuestas pueden variar.

Semana 14

Día 1
1. C
2. B
3. A
4. B

Día 2
1. B
2. A
3. A
4. C

Día 3
1. A
2. A
3. C
4. C

Día 4
1. A
2. B
3. C
4. B

Día 5
Las respuestas pueden variar.

Semana 15

Día 1
1. C
2. B
3. A
4. B

Día 2
1. B
2. A
3. B
4. C

Día 3
1. B
2. A
3. B
4. A

Día 4
1. A
2. C
3. B
4. A

Día 5
Las respuestas pueden variar.

Semana 16

Día 1
1. B
2. C
3. A
4. A

Día 2
1. C
2. A
3. B
4. A

Día 3
1. A
2. A
3. C
4. B

CLAVE DE RESPUESTAS (cont.)

Semana 16 (cont.)

Día 4
1. C
2. A
3. B
4. C

Día 5
Las respuestas pueden variar.

Semana 17

Día 1
1. B
2. C
3. A
4. A

Día 2
1. B
2. A
3. C
4. B

Día 3
1. A
2. B
3. B
4. C

Día 4
1. A
2. B
3. A
4. B

Día 5
Las respuestas pueden variar.

Semana 18

Día 1
1. C
2. B
3. A
4. B

Día 2
1. C
2. B
3. B
4. A

Día 3
1. A
2. B
3. A
4. C

Día 4
1. A
2. B
3. A
4. A

Día 5
Las respuestas pueden variar.

Semana 19

Día 1
1. B
2. A
3. C
4. C

Día 2
1. B
2. A
3. C
4. B

Día 3
1. A
2. B
3. B
4. C

Día 4
1. C
2. A
3. C
4. A

Día 5
Las respuestas pueden variar.

Semana 20

Día 1
1. A
2. B
3. C
4. B

Día 2
1. B
2. A
3. C
4. A

Día 3
1. A
2. B
3. B
4. C

Día 4
1. C
2. B
3. B
4. A

Día 5
Las respuestas pueden variar.

Semana 21

Día 1
1. A
2. B
3. B
4. A

Día 2
1. B
2. C
3. A
4. C

Día 3
1. B
2. B
3. A
4. C

Día 4
1. A
2. A
3. B
4. A

Día 5
Las respuestas pueden variar.

CLAVE DE RESPUESTAS *(cont.)*

Semana 22

Día 1
1. B
2. C
3. A
4. B

Día 2
1. B
2. B
3. A
4. A

Día 3
1. B
2. B
3. C
4. A

Día 4
1. B
2. A
3. A
4. C

Día 5
Las respuestas pueden variar.

Semana 23

Día 1
1. C
2. A
3. B
4. C

Día 2
1. C
2. B
3. A
4. B

Día 3
1. C
2. A
3. A
4. B

Día 4
1. B
2. B
3. C
4. B

Día 5
Las respuestas pueden variar.

Semana 24

Día 1
1. A
2. C
3. B
4. B

Día 2
1. B
2. B
3. C
4. B

Día 3
1. B
2. C
3. B
4. A

Día 4
1. B
2. A
3. A
4. C

Día 5
Las respuestas pueden variar.

Semana 25

Día 1
1. C
2. A
3. A
4. C

Día 2
1. A
2. A
3. C
4. B

Día 3
1. C
2. A
3. A
4. B

Día 4
1. A
2. B
3. C
4. B

Día 5
Las respuestas pueden variar.

Semana 26

Día 1
1. C
2. A
3. C
4. B

Día 2
1. C
2. B
3. A
4. C

Día 3
1. A
2. B
3. C
4. B

Día 4
1. C
2. B
3. B
4. C

Día 5
Las respuestas pueden variar.

CLAVE DE RESPUESTAS (cont.)

Semana 27

Día 1
1. C
2. A
3. C
4. B

Día 2
1. C
2. A
3. C
4. C

Día 3
1. B
2. A
3. C
4. A

Día 4
1. B
2. A
3. A
4. C

Día 5
Las respuestas pueden variar.

Semana 28

Día 1
1. B
2. A
3. C
4. C

Día 2
1. C
2. A
3. A
4. B

Día 3
1. A
2. B
3. C
4. B

Día 4
1. B
2. B
3. C
4. A

Día 5
Las respuestas pueden variar.

Semana 29

Día 1
1. C
2. B
3. A
4. A

Día 2
1. A
2. C
3. A
4. A

Día 3
1. C
2. A
3. A
4. C

Día 4
1. A
2. A
3. C
4. B

Día 5
Las respuestas pueden variar.

Semana 30

Día 1
1. C
2. B
3. C
4. A

Día 2
1. C
2. B
3. B
4. C

Día 3
1. C
2. B
3. C
4. A

Día 4
1. A
2. B
3. B
4. A

Día 5
Las respuestas pueden variar.

Semana 31

Día 1
1. B
2. C
3. C
4. C

Día 2
1. C
2. A
3. B
4. B

Día 3
1. C
2. B
3. B
4. C

Día 4
1. B
2. B
3. A
4. A

Día 5
Las respuestas pueden variar.

CLAVE DE RESPUESTAS *(cont.)*

Semana 32

Día 1
1. B
2. C
3. C
4. A

Día 2
1. A
2. C
3. A
4. B

Día 3
1. B
2. A
3. A
4. C

Día 4
1. C
2. A
3. B
4. A

Día 5
Las respuestas pueden variar.

Semana 33

Día 1
1. B
2. A
3. A
4. C

Día 2
1. C
2. C
3. B
4. B

Día 3
1. B
2. B
3. B
4. C

Día 4
1. B
2. A
3. C
4. A

Día 5
Las respuestas pueden variar.

Semana 34

Día 1
1. B
2. A
3. C
4. A

Día 2
1. C
2. B
3. C
4. B

Día 3
1. C
2. A
3. B
4. A

Día 4
1. C
2. B
3. C
4. A

Día 5
Las respuestas pueden variar.

Semana 35

Día 1
1. C
2. A
3. B
4. A

Día 2
1. A
2. B
3. A
4. C

Día 3
1. A
2. B
3. B
4. C

Día 4
1. A
2. B
3. A
4. B

Día 5
Las respuestas pueden variar.

Semana 36

Día 1
1. A
2. B
3. C
4. B

Día 2
1. C
2. B
3. A
4. C

Día 3
1. A
2. B
3. A
4. C

Día 4
1. B
2. B
3. A
4. C

Día 5
Las respuestas pueden variar.

REFERENCIAS CITADAS

Marzano, Robert. 2010. When Practice Makes Perfect…Sense. *Educational Leadership* 68 (3): 81–83. [Marzano, Robert. 2010. Cuando la práctica es perfectamente lógica. Liderazgo educativo 68 (3): 81–83.]

National Reading Panel. 2000. Report of the National Reading Panel. *Teaching Children to Read: An Evidence-Based Assessment of the Scientific Research Literature on Reading and its Implication for Reading Instruction* (NIH Publication No. 00-4769). Washington, DC: U.S. Government Printing Office. [Panel Nacional de Lectura. 2000. Informe del Panel Nacional de Lectura. Cómo enseñar a leer a niños: evaluación empírica de literatura de investigación científica sobre lectura y sus implicancias para la enseñanza de la lectura (Publicación n.° 00-4769 de los Institutos Nacionales de Salud, NIH). Washington, DC: Imprenta del Gobierno de los EE. UU.]

Rasinski, Timothy V. 2003. *The Fluent Reader: Oral Reading Strategies for Building Word Recognition, Fluency, and Comprehension.* New York: Scholastic. [Rasinski, Timothy V. 2003. El lector fluido: estrategias de lectura oral para desarrollar el reconocimiento de vocablos, la fluidez y la comprensión. Nueva York: Académico.]

———. 2006. Fluency: An Oft-Neglected Goal of the Reading Program. In *Understanding and Implementing Reading First Initiatives*, ed. C. Cummins, 60–71. Newark, DE: International Reading Association. [2006. Fluidez: un objetivo frecuentemente desatendido del programa de lectura. Sobre la comprensión e implementación de las primeras iniciativas de la lectura, ed. C. Cummins, 60–71. Newark, Delaware: Asociación Internacional de Lectura.]

Wolf, Maryanne. 2005. *What is Fluency? Fluency Development: As the Bird Learns to Fly.* Scholastic professional paper. New York: ReadAbout. http://teacher.scholastic.com/products/fluencyformula/pdfs/What_is_Fluency.pdf (accessed June 8, 2007). [Wolf, Maryanne. 2005. ¿Qué es la fluidez? Desarrollo de la fluidez: cuando el ave aprende a volar. Artículo profesional académico. Nueva York: ReadAbout. http://teacher.scholastic.com /products/fluencyformula/pdfs/What_is_Fluency.pdf (consultado el 8 de junio de 2007).]

# DIGITAL RESOURCES

Accessing the Digital Resources

The digital resources can be downloaded by following these steps:

1. Go to **www.tcmpub.com/digital**

2. Sign in or create an account.

3. Click **Redeem Content** and enter the ISBN number, located on page 2 and the back cover, into the appropriate field on the website.

4. Respond to the prompts using the book to view your account and available digital content.

5. Choose the digital resources you would like to download. You can download all the files at once, or you can download a specific group of files.

ISBN:
9781087643052

Please note: Some files provided for download have large file sizes. Download times for these larger files will vary based on your download speed.

 ## CONTENTS OF THE DIGITAL RESOURCES

Teacher Resources
- Assessing Fluency
- Writing Rubric
- Practice Page Item Analysis Chart
- Student Item Analysis Chart

Student Resources
- Practice Pages

© Shell Education